中学校社会サポートBOOKS

「本当は」地理が苦手な先生のための

中学社会
地理的分野の
授業デザイン&実践モデル

吉水裕也 編著

明治図書

まえがき―地理的分野が苦手な中学校教員

2015年に，科学研究費で全国の中学校の先生にアンケート調査をしたことがあります。全国には一万校ほどの中学校があります。その1割に当たる1,000校強にアンケート用紙を送り，半数近い学校から回答をいただきました。それらの社会科の先生の声が，本書を執筆するきっかけになりました（お忙しい中，回答してくださった先生方に，この場をお借りして御礼を申し上げます）。

苦手No.1は地理的分野

アンケート項目の1つに，指導に自信があるかないかを分野別に聞いたものがありました。ある程度予測はしていましたが，中学校社会科では地理的分野の指導が不得手であると答えた先生が3分野の中で最も多かったです（表1）。もっとも，不得手な分野はないと答えた先生が最も多く，救われた気がします。一方，地理的分野は歴史的分野や公民的分野の倍以上の先生方が不得手だと答えており，深刻です。これは回答した先生の年齢とは関係なく，どの年齢層も同じような結果でした。地理的分野の指導に苦手意識をもっている先生が多いという現状では，生徒が地理的分野の学習を好きになってくれることは期待しにくいでしょう。

表1　指導が不得手な分野

分野	回答数（n＝464）
地理的分野	143
歴史的分野	61
公民的分野	69
不得手なし	180
その他	11

さて，どうして地理的分野の学習指導が苦手なのでしょうか。

　回答してくださった社会科の先生が大学時代に何を専攻されたのか聞いてみると，公民系（法律，経済など）が最も多く50.7％，次いで歴史系の27.0％，そして地理系が12.4％，さらに社会科教育系が8.0％，その他が1.9％と続きます。法学部や経済学部の定員が多い現状からすると，これも予想できたことです。高等学校では地理が選択科目であり，特に文系の高校生に地理を選択する人が少ない現状であること，教員養成系大学の社会系コースの学生にも高校時代に地理を学習した人がほとんどいないことから，地理に関する知識がないことが1つの原因だと思っていました。

単元を貫く学習課題を立てるのが難しい

　中学校社会科の先生が，どのようなことに気をつけて日本の諸地域の学習に取り組んでいるのか，これもアンケート結果から見えてきます（表2）。

表2　「日本の諸地域」の扱い方〔複数回答可〕

質問への回答	回答数
ア．教科書の事例を中心に，知識を確認している。	328
イ．できるだけ多くの情報を与えるようにしている。	109
ウ．できるだけ情報を厳選している。	107
エ．単元（○○地方）を貫く学習課題を設定し，地域的特色を探究させるようにしている。	186
オ．地域的特色を多面的・多角的に捉えられるようにしている。	248
カ．地方と「考察の仕方」の組合せを独自に設定している。	20
キ．日本の他の地方との比較ができるようにしている。	51
ク．世界や日本全体の地域的特色との比較ができるようにしている。	19
ケ．その他	6

　教科書の事例を中心に知識を確認し，多面的・多角的な考察を通して，動態地誌的学習で日本の諸地域学習を実践しようとしているのがわかります。他の質問でも，教科書が公立高校入試で問われる知識の基準になっているので，とにかく教科書に沿って，教科書に書かれていることは教えなければな

らないという意識が強いようです。

一方，日本の諸地域学習を実践するうえで，いくつかの困難を感じていることもわかりました（表3）。

表3 「日本の諸地域」の指導で感じている困難〔複数回答可〕

質問	回答数
ア．教科書の事例が古い。	58
イ．教科書の事例が生徒の興味をひかない。	159
ウ．情報の厳選が難しい。	110
エ．単元（〇〇地方）を貫く学習課題を設定するのが難しい。	156
オ．既習事項の活用や他の事象との関連づけが難しい。	81
カ．「考察の仕方」と地方との対応関係がしっくりこない。	97
キ．他の地方との地域的特色の比較が難しい。	92
ク．世界や日本全体との地域的特色の比較が難しい。	54
ケ．その他	23

　授業デザインの拠り所となっている教科書の事例が生徒の興味をひかないこと，及び単元を貫く学習課題を設定するのが難しいということが大きな課題と認識されているようです。また，それらに続いて，情報の厳選が難しいと感じているようです。

　このうち単元を貫く学習課題の設定は，世界の諸地域学習でも設定が難しいという結果が出ていました。世界の諸地域学習では，主に先生が学習課題を設定します。一方，日本の諸地域学習では，主に生徒が学習課題を発見して，その学習課題を何時間かかけて解く設定になっています。動態的地誌学習で，いわゆる中核方式といわれるものです。教科書が設定している学習課題をそのまま用いるにしても，課題の発見過程を授業に組み込むことができないと，世界の諸地域学習からの発展性がありません。地理的分野の苦手意識は地理の知識不足ということもあるかもしれませんが，動態地誌のような授業をデザインできるかどうかというレベルの問題かもしれません。

地理的分野の授業デザインのために

　これらのことを念頭に，本書では，新しい理論を紹介するのではなく，これまで社会科授業のデザインをするうえで基本的だと考えられてきたことを紹介し，苦手意識を克服してもらおうと考えました。

　単元を貫く学習課題をうまく立てるためには，知識論や探究型の社会科授業構成理論を知っておくのが１つの手でしょう。これらの考え方は，授業で生徒と共有する情報を厳選する際の規準にもなります。しかし，探究型の授業をつくろうとして，「なぜ疑問」の学習課題を設定しても，生徒が難しがって上手くいかないという声も聞きます。なぜそうなるのかについて解説したり，本書の後半に掲載されている授業の具体例に，単元を貫く学習課題，単元で習得する知識の構造図を掲載したりして，授業を展開しやすくなるようなヒントとしてみました。さらに，平成29年版学習指導要領では，何を知っているか，何がわかっているかのみならず，何ができるかが重視されていることから，学習評価に関するヒントも書き込んでいます。

　地理的分野が苦手な先生のためのヒントは，実は社会科全般にわたる授業デザインと同じです。地理的分野は社会科の一分野であり，その究極の目標は，市民性育成だからです。

　本書が，地理的分野が苦手な先生に，社会科授業デザインのヒントを１つでも提供できれば幸いです。

　2018年７月

編著者　吉水裕也

CONTENTS

まえがき―地理的分野が苦手な中学校教員

CHAPTER 1
地理嫌いの生徒をつくる!? やってはいけないこの指導

- 細かい地名を覚えさせる 12
- 曖昧な指示による写真の読み取り 14
- 教材研究を1時間単位で行う 16

CHAPTER 2
つけたい力を見通して！目標と評価をおさえる

アセスメントとしての評価
- 形成的評価で指導と評価の一体化＆目標と評価の一体化を図る 20
- ペーパーテストとパフォーマンステストを使い分ける 22

ペーパーテスト問題のつくり方
- つけたい力が見えるコマンド・ワードを用いる 24
  ―知識の再生を問うのか，活用を問うのか―
- 「知っていること」「わかること」を試す問題 26
- 「できるようになる」を試す問題 28

CHAPTER 3
これだけは知っておきたい！地理授業づくりの基礎・基本

社会的な見方・考え方とは
「社会的な見方・考え方」と知識・概念 …………………………… 34
社会的事象の地理的な見方・考え方 ………………………………… 36
多面的・多角的に ……………………………………………………… 38

「知識の構造化」とは
問いのブレイクダウンと仮説の設定 ………………………………… 40
情報に関する知識と情報間の関係に関する知識を分ける ………… 42
知識の構造化が授業分析を可能にする ……………………………… 44

思考力を育成する授業とは
探究型授業で概念を獲得する ………………………………………… 46
学習課題の発見が本時の目標とつながる …………………………… 48
仮説検証のための資料選定と読み取りは問いと関連づける ……… 50
説明的知識の獲得から一般化へ ……………………………………… 52

意志決定力を育成する授業とは
価値に関する事柄を授業に取り入れる ……………………………… 54
多角的に分析するために事実を検討する …………………………… 56
具体的に未来を予測してみる ………………………………………… 58

思考・判断したことを表現する
ワークシート・プリント作成の工夫 ………………………………… 60
考察したことをノート化するポイント ……………………………… 62
地図に表現させる ……………………………………………………… 64

効果的な教材研究の視点と方法

　教科書の使い方 …………………………………………………………… 66
　資料の探し方・つくり方 ………………………………………………… 68
　地図帳の使い方 …………………………………………………………… 70
　GIS(地理情報システム)の使い方 ……………………………………… 72
　フィールドワークで気をつけておくこと ……………………………… 74

学習指導案の書き方

　目標記述には指導案の善し悪しが表れる ……………………………… 76
　授業仮説を立て，目標達成のための手立てを書く …………………… 78

CHAPTER 4
指導の手立てがよくわかる！地理授業の実践モデル

> ＊実践モデルは，次の項目に沿って構成されています。
> ○この単元のポイント　○単元目標　○単元指導計画
> ○単元を貫く学習課題と問いの構造図　○展開　○評価

　　世界の宗教の学習をどう行うか
1　異なる文化を理解し，文化多元主義的な振る舞いについて考える …82

　　アジアの学習をどう行うか
2　単元を貫く学習課題を設定する場面を中心にして …………………… 88

　　ヨーロッパの学習をどう行うか
3　地域の変化を捉える場面を中心にして ………………………………… 96

	北アメリカ州の学習をどう行うか
4	地域性を見出す場面を中心にして ……………………………………… 104

	交通・通信の学習をどう行うか
5	学習者の身近な事例を題材にして …………………………………… 114

	九州地方の学習をどう行うか
6	いわゆる中核方式の学習課題の立て方を中心にして ……………… 120

	関東地方の学習をどう行うか
7	パフォーマンス課題による単元のまとめ方を中心にして ………… 128

	身近な地域の調査の学習をどう行うか
8	地図作成能力と地域の課題を捉える能力の育成を中心にして ……… 138

あとがき

Chapter 1

地理嫌いの生徒をつくる!?
やってはいけないこの指導

細かい地名を覚えさせる

地名・物産の地理

　「47都道府県の位置，県庁所在地は小学校で学習している。しかし，案外定着していない。そこで，中学校ではそれを定着させたい。覚えていなければ，授業中に考えさせても，いちいち調べさせなければならない。そもそも覚えていない生徒は，調べることを好まない。だから，考える時間を取ることができない」「私立高校の入試問題では，かなり細かい知識が要求されるので，できるだけ多くの地名を知っているほうがよい。これまでに問われたことのある地名は全て覚えさせなければならない」「考えさせる授業を行うことの重要性はわかっている。しかし，覚えさせておかないと，結局は生徒がかわいそうな目に遭う」

　——どれも生徒の将来を思う教員の親心から出た言葉でしょう。しかし，だからといって考える授業を行わなくてもよいのでしょうか。基礎的事項の暗記から思考へという順序は必ず守られなければならないのでしょうか。地名や物産を覚えることが目的なのではなく，何らかの問いを解くために，地名や物産が必要になるような授業はできないでしょうか。

地名は授業過程の中で

　地名を覚えさせるのは悪いことではありません。基礎的な地名は覚えておかないと，会話が成立しないこともあります。生徒は，自宅や校区内，校区周辺の地名ならよく知っています。なぜでしょうか。日常生活と関係が深いからでしょう。つまり，必要であれば覚えるわけです。

　では，授業もその流れにしてはどうでしょうか。

Chapter1 地理嫌いの生徒をつくる!? やってはいけないこの指導

　単元のはじめに，学習する地域に顕著な社会問題を提示します。従来の授業では，「今日から近畿地方の学習をしましょう。近畿地方は……，その後で……」というように，知っておくべき知識の提示，それらの知識の習得，それらの知識の活用のための問題という流れになります。しかし，それを「近畿地方では重要文化財である歴史的建造物が多数あります。しかし，これらの建造物は古いがゆえ維持・保存が困難です。特に，文化財が集中する京都市で地域文化や地域の景観を損わないような維持保存のための方策を考えてください」という，地域に起こっている問題を提示します。その後，その問題の答えを思考します。さらに，考えるためにどのような知識や概念を習得しなければならないかを選択します（ここでは教員のサポートが必要でしょう）。上記の問題であれば，「そもそも，なぜ京都市内では重要文化財である歴史的建造物が多いのか」という問いを立て，「それらの建築物は市内にどのように分布しているのか」「いつ頃建築されたものが多いのか」「それらがどのようにまちの景観をつくっているのか」「なぜ，京都市内では高さ制限を設けているのか」などの下位の問いを解きながら明らかにしていきます。また，「他国の世界文化遺産などはどのように保存されているのか」「近畿地方の他の府県ではどのような歴史的建造物があり，どのように分布しているのか」「それらはどのように保存されているのか」などといった問いを解く中で，京都を中心とした府県の位置を確認します。滋賀の県庁所在地は大津市だけれど，京都市と隣接しているからこんなに近いのかという距離感覚も身につくでしょう。何度も地図帳を使って地名を確認しながら位置や分布，そして，それぞれの場所の特性を知識として獲得することができます。

　このように地名は，学習課題を探究する中で身につけるものです。授業過程で，辞書を引くように地図帳にマーカーで記入しながら位置を確認させる作業を入れたりするのも，伝統的な作業ですが効果的です。そのような場面を，「問い」とそれを解くための作業とともに身につける地理の授業を行えば，脈絡なく地名を覚えさせる授業からの脱却が図れます。

曖昧な指示による写真の読み取り

読み取れと言われても……

『この写真から読み取れることをあげてください』「多分，田んぼだろうな」

　少なくとも読み取りの視点くらいは必要でしょう。それには読み取りのための問いが必要です。『この写真は何月に撮られたものでしょう』「田んぼに水がはられていないから４月」「どこで撮られたのかによって変わってくるよ」。この場合は，「いつ？」と聞いています。しかし，実質はその理由を聞き出したいわけですから，「なぜ」を聞いているのと同じです。写真は岐阜市南部のものだというヒントを与えれば，さらに読み取れることが増えてきます。景観写真を読み取る技能は，場所に関する知識との関係も大きいのです。

不思議だなと思うこと，わからないことをあげさせてみると

　もっとハードルを下げてみましょう。『この写真を見て，不思議だと思うことをあげてみましょう』と指示します。

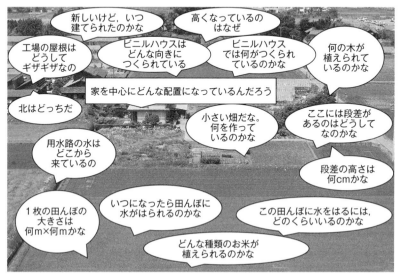

　答えを求められているのではないので，素直にわからないことを出せばよいのです。いくつかの疑問は関連しています。例えば，畑と対比しながら田と畑の土地利用に関することも読み取れそうです。それでも，何のために疑問をあげるのかは見えてきません。

技能だけを独立させない

　私たちは，健康維持のために全身運動であるウォーキングなどをします。一方で，特定の動きのために，体の一部分を重点的に鍛えたりします。鍛える場所が明確＝目標が絞り込まれているということです。読み取り技能も必然性との関連が大きいのです。どんな問いを追いかけているのかによって読み取るべきことが変わります。鍛える場所が明確になるのですね。写真読み取りの技能だけを学習内容と切り離して育成することは困難です。

教材研究を1時間単位で行う

1時間読み切りでよいか？

　中学校の先生には，教材研究を1時間単位で行う人がいます。これは，小学校の先生にはあまり見られないことだそうです。中学校の授業は，教科書2ページ分くらいの内容で完結するようにつくるというのが1つの常識となっているようです。1時間ずつ読み切りのような授業のほうがわかりやすいということでしょうか。多忙な学校現場で確保できる教材研究時間は，次の1時間分で精一杯なのかもしれません。

　しかし，それは授業のワンパターン化を招くことにつながります。そして，育成すべき資質や能力を意識した単元づくりや授業づくりにはつながりません。大切なことは，ゴールがあらかじめ設定されているかどうかです。ゴールを決めずに走り出し，寄り道するのも楽しいかもしれません。しかし，学校教育は意図的，計画的営みです。寄り道を意図することができるのならよいかもしれませんが，そうでなければ迷走です。

3次構成の単元プランをまとめて教材研究をする

　育成すべき資質・能力が注目されています。知識や概念を知る，わかるということに加え，意味のある形で使えるという能力（コンピテンシー）を目標とするならば，単元の終末には，そのような能力がついているのかを評価する必要があります。能力の育成には，知識・概念→能力という流れがありそうですが，能力の育成過程で必要な知識や概念を並行して身につけることも可能かもしれません。

　例えば，PBL（Project-Based Learning）という考え方があります。

PBLとは,学習者自身が中心となって,主体的に自身の学習過程を反復,反省しながら,グループで問題を探究する学習(この場合は,Problem-Based Learning),プロジェクトを成し遂げる学習(この場合は,Project-Based Learning)です。

　先ほどの例を再度用いてみましょう。「近畿地方では重要文化財である歴史的建造物が多数あります。しかし,これらの建造物は古いがゆえ維持・保存が困難です。地域文化を損わないような維持保存のための方策を考えてください」というProjectが単元の冒頭に示され(第1次),それについて構想するために必要な知識や概念を考察する(第2次)という流れです。その後,実際にProjectに取り組み,単元全体を振り返り,探究のよさや課題,Projectの改善などを行う(第3次)という単元構成ができます。つまり,①学習課題(この場合はProject)の共有,②Projectを解決するために必要な知識・概念の確認・選択,③探究によるそれらの獲得,獲得した知識や概念を活用したProjectの成し遂げとその振り返りという流れです。

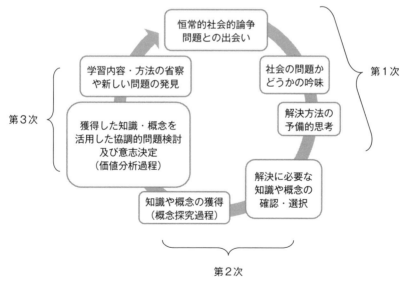

PBLによる社会科単元構成(吉水,2018)

全ての単元でProjectが必要かどうかは検討が必要です。しかし，このように単元全体を設計して，その後，1時間ごとの内容を深く詰めていく教材研究が望まれます。

【引用文献】
○吉水裕也（2018）「探究の流れが見える教材準備と板書の工夫」『社会科教育』No.708，明治図書

Chapter 2

つけたい力を見通して！
目標と評価をおさえる

アセスメントとしての評価

形成的評価で指導と評価の一体化＆目標と評価の一体化を図る

授業中に生徒の作業の進捗をモニタリングする

　評価というと，ペーパーテストを連想することが多いと思います。しかし，学習指導案を作成するときにも，授業中に実施する様々な評価活動について書き込んでいます。当然，授業中にも，また授業の前にも評価をしているわけです。本来の評価活動は，生徒の学力を値踏みするためのものではなく，生徒が理解しているか，理解するための知識や情報を獲得しているかなど，目標に至るプロセスを歩んでいるかどうかをモニタリングし，できていないときには修正（コントロール）することが目的です。そのために，まず生徒が理解しているかどうかを見取る必要があります。また，生徒に自己の学習がどのように進んでいるのかを自己モニタリングさせることが重要です。

　「ここでこの資料を探し当てないと，理解には結びつかないはずだ」と教師が想定していれば，生徒が当該の資料を探そうとしているかどうか，探し当てたかどうかをモニタリングしていることになります。この場合は，教師が生徒を見るときの視点がはっきりとしているので，評価しやすいのです。もちろん，想定している以上の資料を探し当てればさらによいので，想定したラインをどれほど大きく超えるかということも楽しみです。生徒には，探してきた資料の価値や資料を読み取った内容のよさを自己評価させることも重要です。

　このように，生徒が目標に向かっているかどうかをモニタリングすることが形成的評価です。ここはできている，ここはできていないということを見取る，できていない場合はできるようにするための手立てを講じるというわけです。これが指導と評価を一体化するということです。形成的評価は，指

導を改善し，生徒の学力をつけるための評価です。ですから，本来は全ての評価活動が形成的評価であるべきだといわれることもあるのです。

　目標を超える生徒がいると嬉しいですね。教員が設定した目標を生徒と共有し，さらにこの目標を超える記述はどのようなものかと考えさせることは，さらなる高みを目指させるためにも重要です。

モニタリングからコントロールへ

　授業中に生徒に向けて話しているとき，自分の声が全員に聞こえているか気にしていると思います。これがモニタリングです。そして，聞こえていないなと思ったら，自然に声のボリュームを大きくしているのではないでしょうか。これがコントロールです。聞こえていないことがわかっていなければ，声を大きくすることはありません。モニタリングできていないとコントロールできないわけです。自分のどこがまずいのかということがわからなければ，直しようがありませんので，モニタリングがとても重要なのです。そして，直すべきところがわかれば，多くの場合改善が見込まれます。

　指導と評価を一体化しようと思うと，教師が一方的に話すばかりではいけません。教えなければいけない，教えたというアリバイづくりではなく，生徒が学んだ，さらにわかったという証拠を見出す必要があるのです。また，平成29年版中学校学習指導要領（以下，平成29年版）では，生徒ができるようになったことも見出す必要があるのです。

　授業では目標を設定しているはずです。その目標の達成に向かっているかどうかを授業中に評価する必要があります。また，目標が達成されたかどうかを授業の終末に評価する必要があります。もちろん，これは冒頭述べたように値踏みではありません。目標と評価の一体化とは，本当にわかったのか，本当にできるようになったのかということを，目標を拠り所として評価することです。そのため，目標は，達成したことが評価できるような書き方をしなければなりません（76ページ〜参照）。

アセスメントとしての評価

ペーパーテストとパフォーマンステストを使い分ける

知識，技能はペーパーテストで評価しやすい

　地理的分野の学習で獲得した知識や，地図やグラフの読み取りなどの技能は，ペーパーテストで測ることが可能です。

　単に知識を記憶しているかを測りたいのなら，一問一答的な問題を作成することも可能です。テレビのクイズ番組で学力王を決めたりしていますね。この場合は，知っているか知らないかを試すものがほとんどです。しかし，この手の問題ばかりになると，断片的でもよいのでたくさん知っていることがよいというメッセージを発信することに繋がります。しかし，必要なのはバラバラではなく，つながりをもった知識です。

　生徒が知っているかだけではなく，わかっているかどうかを試すためには問いもセットにする必要があります。大問のテーマは「なぜ」という問いにして，それをいくつかの小問に分けて聞き，小問を積み重ねると「なぜ」という問いが解けるようになるような構成を考えれば，構造化した知識をもっていることの重要性がメッセージとして発信されることになります。

探究できていれば思考できている

　思考できているかどうかを見取ることは難しいといわれています。しかし，問いー仮説ー検証という探究ができていれば思考していると考えてしまうという手もあります。問いに対する予想をして，その予想を，資料などを用いて検証することができているということは，こちらが求めた思考をしていると考えることもできます。これなら授業中に見取ることができそうです。ペーパーテストで思考しているかどうかを見取る必要があるとすれば，探究す

るための問いを設定して，①その問いに対して具体的に検証する方法も想定した仮説を設定させる，②資料を用いて仮説の正しさを証明させる，などの要素のうち，確かめたい場面について解答させればいいわけです。

パフォーマンス評価としてのパフォーマンステストとポートフォリオ

　全てのことをペーパーテストで評価する必要があるでしょうか。例えば，資料を探して必要なものを選択する作業はペーパーテストでは限界があります。クラスの誰も発見できなかった資料を発見し，検証することができることも大切な学力です。しかし，そのような学力はペーパーテストでは測定しにくいでしょう。ペーパーテストのみが公平なわけではありませんから，様々な評価方法を組み合わせてもよいのではないでしょうか。

　例えば，学習課題の答えを出すために，様々な資料をクリアファイルに保管させることがあります（ポートフォリオ）。資料だけではなく，資料を使って仮説を検証しようと試みたメモなどもあるかもしれません。そのようなものを保管しておくことで，探究のプロセスを見取ることができます。仮説を何度も立て直した試行錯誤も粘り強い探究力をつけるためには重要だからです。

　また，Chapter 1で述べたように，単元の最初に学習課題を設定する際，プロジェクトを設定することによって，学習内容はプロジェクトを解決するためのものという位置づけになります。その学習課題を単元で学習した内容を活用して解いていくこと自体が，パフォーマンス課題として位置づけられます。

　オールドタウン化しているニュータウンを持続可能にする工夫を考えようというプロジェクトをパフォーマンス課題として設定します。すると，そもそもなぜオールドタウン化したのかという本質的な原因を明らかにしなければなりません。もちろん本質的な原因以外にも，この現象を生じさせている時代背景のような理由もあります。それらを，プロジェクトを遂行していくうえで必要になる知識と位置づけます。これらの知識を獲得したうえで，どうすればニュータウンのオールドタウン化を食い止め，持続可能になるのかというアイデアを求めようというのです。

ペーパーテスト問題のつくり方

つけたい力が見えるコマンド・ワードを用いる
―知識の再生を問うのか，活用を問うのか―

どんな力をつけるのか，つけたいのか

　社会科地理的分野のテストというと，どんな国があるのか，どこで何が採れるのかといった地名・物産を答えさせることになりがちです。結局，高校入試が地名・物産を問うのだから，覚えさせておかないと生徒がかわいそうだというのが教師の論理です。

　公立高校入試問題を見てみると，地理的分野の問題は，地名や物産を答えさせる問題が多く出題されており，学力観が見えてきます。単純に，地形図上での距離を測定するもの，地図記号を読み取るものなどです。限られた時間の中で知識量と能力の両方を測定しようと思うと，記憶の再生に関する問いが出てきてもしょうがないでしょう。一方，資料を読み取る技能を測定しようという問題や，基礎的な知識と読み取った情報とを組み合わせて，答えを導く問題も出題されています。地図記号も，等高線や周囲の状況を合わせて読み取ると，ある程度は推測できるものです。また，これらは事実に関する知識や理解を，思考するという行為を通して測定しようという試みでしょう。

　社会科では，事実に関する事柄のみを扱うわけではありません。価値に関する事柄も扱うのです。地理的分野では，例えば，どこに工場を建設するのが最もよいのか，多面的・多角的な視点から分析して，判断する力も育成しようとしています。また，河川の堤防について，どこをどのように強化するのかという判断も要求されるかもしれません。災害対策で建設された応急仮設住宅の配置を考えることや，身近な地域の在り方について具体的に考えて判断することも求められます。これらの判断力までペーパーテストで全て測

ペーパーテストではコマンド・ワードを大切に

　ペーパーテストで，文や文章で解答を求めるいわゆる記述式問題を作成することがあるでしょう。「〇〇について述べなさい」「〇〇について説明しなさい」「〇〇について比較しなさい」など，様々な問いかけ方があります。述べなさい（describe），説明しなさい（explain），比較しなさい（compare）などの指示語は，コマンド・ワードと呼ばれます。

　今，どのような力を測定しようとしているのかということと，どのコマンド・ワードを使うのかということとは密接に関係しています。

　知識の再生を要求するのなら，「述べなさい」「記述しなさい」という言葉を使います。記述とは describe のことで，生徒が知っていることを列挙すればよいという意味です。「読み取ったことを記述しなさい（述べなさい）」という問いかけならば，生徒は読み取れることを列挙します。

　事象間の比較を要求するのなら，「比べなさい」「比較しなさい」という言葉を使います。比較には contrast と compare の２つの意味があります。contrast は対照，compare は比較の意味です。つまり，contrast は事象間の違いを，compare は事象間の異同を述べるのです。

　原因と結果の関係など事象間の関係を要求するのなら，「説明しなさい」という言葉を使います。説明（explain）では，生徒が原因と結果の関係を述べます。そのため「なぜなら〇〇である」という解答が要求されます。

　テストの問いかけ文では，このような言葉の使い方が区別されていないことがあります。テストの問いかけ文に使われる言葉を整理して，その意味を生徒と共有することは授業を進めていくうえでも大切です。少なくとも，記述と説明を区別し，生徒と共有しましょう。それが言語活動の質的な充実につながるのです。

ペーパーテスト問題のつくり方

「知っていること」「わかること」を試す問題

ニュータウンのオールドタウン化の現象的因果関係を読み取る

　さて，先ほど取り上げたニュータウンのオールドタウン化の問題を，もう一度取り上げてみましょう。戦後の第一次ベビーブームに生まれた人たちは，1960〜70年代には成人し，都市に住居を求めることになります。そこで三大都市圏には，ニュータウンが建設されはじめます。

ニュータウン名	所在都府県	入居開始年
千里ニュータウン	大阪府	1962年
高蔵寺ニュータウン	愛知県	1968年
多摩ニュータウン	東京都	1971年
港北ニュータウン	神奈川県	1983年

　上の表に示した以外にも，三大都市圏を中心に50近いニュータウン（新住宅市街地開発法にもとづくもの）が建設されます。
　これらのニュータウンでは，近年「オールドタウン化」が問題になっています。建設された住宅が老朽化しているという点，それに入居者が高齢化しているという点などでオールドタウン化しているのです。
　では，「なぜ，ニュータウンはオールドタウン化しているのでしょう」。この問いを解くテスト問題を作成してみましょう。

人口などの推移を読み取る

　千里ニュータウン（以下，千里NT）では1962（昭和37）年に入居が始まった。図1は千里NTの人口，世帯数，世帯人口（1世帯当たりの人数）の推移を，図2は千里NT，大阪府，全国の高齢化の推移を示したものである。

Chapter2　つけたい力を見通して！目標と評価をおさえる

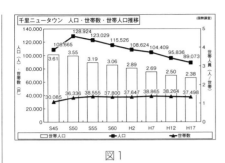
図1

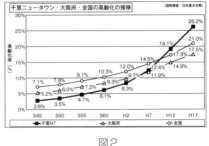
図2

＊大阪府・千里ニュータウン再生のあり方検討委員会資料より
（http://www.pref.osaka.lg.jp/attach/3158/00010838/1-2-1.pdf）

問1　図1を見て，世帯人口（1世帯当たりの人数），人口，世帯数がそれぞれどのように変化しているか述べなさい。

問2　図2を見て，千里NTの高齢化率の推移の特徴を大阪府や全国の値と比較して述べなさい。

問3　問2のような特徴が見られるのはなぜか，図1で読み取ったことを根拠にして理由を説明しなさい。

　問1は，千里NTの人口，世帯人口が減っていること，世帯数が微増していることを読み取る単純な問題です。人口は昭和50（1975）年を境に減少傾向，1世帯当たりの人数も減少傾向です。問2は，高齢化率の推移を，大阪府や全国の値と比べて読み取ります。平成2（1990）年までは最も高齢化率が低かった千里NTは，その後急速に高齢化が進み，大阪府や全国の値を上まわります。問3は，図1で，人口が減少していること，1世帯当たりの人数が減っていくこと，世帯数がほぼ変わらないことを根拠に，減っていったのは高齢者ではなく，千里NTに住居を購入した人の子ども世代だと想像され，そのため高齢化が急速に進んだことを説明することになります。

　このように資料を1つ1つ丁寧に読み取り，関連づけて結論を出すことは小学校5年生から徐々に行われています。中学校でも，読み取ってその事実を記述する問題，そして，読み取ったことを組み合わせて「なぜ」に答える問題を設定すると，わかっているかどうかが見取れます。

ペーパーテスト問題のつくり方

「できるようになる」を試す問題

地域と集団の多様性という概念を使えるかどうかを試す問題

　前項で千里NTのオールドタウン化について取り上げました。問題に使用したデータは平成17（2005）年までのもので，直近10年あまりが含まれていません。実は最近10年で千里NTは人口が回復してきています。一方，高齢化にはなかなか歯止めがかからず，高齢化率は約30％になっています。

　千里NTに限らず，各地のNTがオールドタウン化，特に急速に高齢化したのは，いくつかの理由がありそうです。
　①　NT開設時に大量の住宅が集中的に供給された。
　②　入居者は比較的若年の夫婦を中心とした核家族が多かった。
　③　入居者の住み替えはあまり進まなかった（子どもが高校生や大学生になる頃には，いわゆるバブル期を迎えて地価が高騰した）。

　NTが多数建設されたときには，居住してくれそうな層を対象に，大量の住宅を供給する必要があったため，同じような年齢層の入居者が集中することになりました。そこで，結果的に集団の多様性が担保できなかったのです。これが本質的な原因です。つまり，「なぜ疑問」の本質的な答えです。当初は，一定期間が経てば住み替えが進むだろうと予測されていましたが，景気の変動などの影響もあり，その通りにはなりませんでした。

　逆に考えると，NT建設に際しては，地域の集団多様性をどのスケールで担保するのかを考えなければなりません。千里NTにも集合住宅地域や戸建て住宅地域があります。地域の多様性と同時に，集合住宅地域の中にも集団多様性を担保するにはどうすればよいでしょうか。このようなことを考えるのは，まちの持続可能性を考えることにつながります。

Chapter2 つけたい力を見通して！目標と評価をおさえる

震災対応応急仮設住宅の建設に関するパフォーマンス課題

　　将来発生するかもしれない大きな地震に備えて，○○市でも仮設住宅建設のプランを作成することになりました。そこで，市民グラウンドが仮設住宅の建設候補地になりました。グラウンドは南北140m，東西100mの大きさがあります。道路はグラウンド東側に面して南北に通っています。ここに仮設住宅80戸（プレハブで5～6戸はつなげて建てるのが標準的）を建設しなければなりません。仮設住宅は6坪（5.5×3.5m），9坪（5.5×5.5m），12坪（5.5×7m）の3タイプを建設します。それ以外にも，仮設住宅管理事務所，日用品を手に入れることができる商店，駐車場スペースは最低限確保しなければなりません。さて，あなたはどのような応急仮設住宅の配置を考えますか。別紙に見取り図を描き，なぜそのような配置にしたのかを下に文章で説明してください。

ルーブリック（評価の観点と尺度を組み合わせたもの）

レベル		パフォーマンスの特徴
4	よい	・仮設住宅で起こる短期的および長期的な問題を予測し，それを回避するために多角的な視点から地域多様性と集団多様性を保障するよう配慮した配置が行われており，配置理由の説明が具体的にされている。共助，安全，コミュニティの維持，プライバシーの確保に配慮されている。
3	合格	・仮設住宅で起こる短期的または長期的な問題を予測し，それを回避するために地域多様性と集団多様性に配慮した配置が行われており，配置理由の説明がされている。共助，コミュニティの維持，プライバシーの確保に配慮されている。
2	もう一歩	・配置図が未完成であるか，配置理由の説明のいずれかが未完成である。
1	改善が必要	・配置図が未完成であり，配置理由の説明がされていない。

この課題は，前項のニュータウンの学習で，集団多様性を担保するという本質的な因果関係を学習した後に実施するパフォーマンス課題として位置づけることもできますし，人口をテーマとした諸地域の学習で，ニュータウンのオールドタウン化を扱った単元末に実施することも可能です。
　課題と採点の基準であるルーブリックとを生徒と共有しておきます。
　生徒の作品をルーブリックによって採点します。可能であれば，生徒同士で採点させるとよいでしょう。
　例えば，4人のグループをつくって，お互いの作品を採点させましょう。そのときに採点理由も書かせます。
　各自が書いたものを，グループ内でシェアさせて，評定がグループの中でずれた作品を対象に，モデレーションを行わせます。モデレーションとは，「適度な」という意味です。モデレーションは，評価者間でずれた評定を合わせることを目的とするだけではなく，作品を見ながらルーブリックでは想定しきれなかった要素がないか，ルーブリックが作品をいくつかのレベルに重

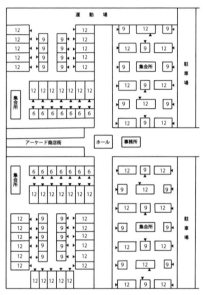

仮設住宅の配置図

　通りを東西南北に走らせ，その通りで町を区画。南西の区画は高齢者を若い世代の家族が見守る形。南東の区画は駐車場に近く，子どもがいる家族や大家屋を想定し，なるべくプライベートを尊重した形。
　また，各区画に集会所を設けてコミュニティがつくれるようにした（大人数だとなかなか集まらないため，少人数で集まれるよう各区画に集会場を設けた）。
　中央には大きい集会所を設け，各区画同士の交流もできるようにした。

仮設住宅配置図の説明

なりなく分けることができるものか，などを議論してルーブリックを精緻化する目的があります。そのため，モデレーションでは，評価者が投票して多数決で決めるのではなく，ルーブリックに準拠した場合にどの評定が妥当なのかを議論することが重要です。

　仮設住宅で発生する事柄を短期的・長期的に未来予測し，それに対応するためには集団多様性を担保したデザインが必要であることをわかっていても，それが図面に書き表せないのなら，「できる」レベルにはなっていないということでしょう。このレベルを見取る工夫が重要です。

ルーブリックをもとに作品を評価したもの

番号	評定	理由
1	4	住宅の割合，コミュニティ，プライバシーに配慮していてすばらしいです。ただ，西に道路があるので東西逆でもよいかもしれませんね。
2	−	自分の作品
3	3	多様な人が住むことを想定していてすばらしいです。家の割合や玄関の位置の記述があれば4になるでしょう。
4	4	安全面を車の走行という面で捉えていてすばらしいです。プライバシーの面に言及してほしい気もしますが。概ね，満点です。
5	3	住民のストレス，"共助"が意識されており，素晴らしいです。プライバシーの点，玄関位置にふれていれば4になるでしょう。

5名の班員の評定を集約したもの

作品番号	班員A	班員B	班員C	班員D	班員E	結論
1	−	4	4	4	4	4
2	3	−	3	4	3	3
3	4	3	−	4	3	3
4	4	4	4	−	4	4
5	3	3	3	4	−	3

【引用文献】
○吉水裕也（2017）「高等学校『地理総合』における防災教育の一事例」井田仁康編著『教科教育におけるESDの実践と課題　地理・歴史・公民・社会科』古今書院，pp.26-43.

Chapter 3

これだけは知っておきたい！
地理授業づくりの基礎・基本

社会的な見方・考え方とは

「社会的な見方・考え方」と知識・概念

社会科の目標

　平成29年版学習指導要領の目標は,「社会的な見方・考え方を働かせ」という文言から,同じく地理的分野の目標は,「社会的事象の地理的な見方・考え方を働かせ」という文言からはじまっています。これは平成20年版までと比べるとかなり大きな変化です。例えば,平成20年版は,中教審答申の「社会的な見方や考え方を成長させることを一層重視する方向で改善を図る」という方針を受けて改訂されました。つまり,これまでは見方や考え方は,育成すべき目標概念であったのが,平成29年版では資質・能力を育成するための方法概念になっているということです。

　注意しなければならないのは,見方・考え方の育成が,説明力の高い知識や概念の獲得と捉えられてきたことから大きく転換していることです。

　これまで社会科地理的分野は,地名・物産の地理と揶揄されてきました。もちろん細かい地名や物産を暗記させるのが社会科地理だという主張は受け入れられないでしょう。一方で,説明力の高い知識の獲得を否定する人もいないでしょう。見方・考え方は教科内容と関連させておく必要があります。

知識・概念および思考と見方・考え方の関係

　これまで社会科の授業は,社会的な見方・考え方を育成するために行われるものだと思われてきました。

　社会科の学習対象は,実際には地理,歴史,公民が水平的に関連しており,そのため多くの概念に関連した記述が教科書に見られます。例えば,公民的分野で用いられている効率と公正は,地理的分野で学習する内容についての

Chapter3 これだけは知っておきたい！地理授業づくりの基礎・基本

思考の枠組みとして働きます。また，他教科に目を向けてみると，理科では科学的リテラシーという考え方があります。科学的リテラシーとは，全米科学教育スタンダード（1995）によると「個人的な意志決定，または市民的および文化的な活動への参加，そして経済生産力の向上のために必要になった，科学的な概念およびプロセスについての知識および理解のこと」とされており，科学的な概念や探究的な学習活動を重視していることがわかります。

　社会の仕組みを見る目のことを概念装置と呼ぶことがあります。顕微鏡や双眼鏡のような物的装置とは違い，社会事象は頭の中にある見方や考え方を使ってはじめて見えてくるのです。概念装置は，「なぜ疑問」の答えやそれが一般化された理論によって構成され，その装置を体内にビルトインすることによって，社会が見えるようになったり，社会の問題を考えることができるようになったりするというものです。ここでいう理論とは，例えば「地域内での都市の規模は，第2位都市が首位都市の2分の1，第3位都市が首位都市の3分の1となる（都市の順位・規模法則）」という経験的法則や「集積が過度に進むと，過密問題や公害などの都市問題が発生する（集積の不利益）」のように命題化されたものです。

　岩田（1984）は，社会的見方と社会的考え方を分けています。「見方」は事実に関する知識，その中でも特に説明力の高い「なぜ疑問」の答えとなる知識と結びつけています。説明力の高い知識や概念の獲得が社会的見方を身につけるということです。「見方」は，思考や推論を経て獲得された事象間の因果関係的知識を獲得することです。そして，この知識や概念は，探究的な学習によって獲得されるのです。これは見方を方法とだけ捉えていては実現しません。また，岩田は「考え方」を価値に関する知識と結びつけています。

【引用・参考文献】
○長洲南海男監修，熊野善介・丹波哲郎他訳（2001）『全米科学教育スタンダード—アメリカ科学教育の未来を展望する—』梓出版社
○岩田一彦（1984）『地理教科書を活用したわかる授業の創造』明治図書
○National Research Council（1995）*National Science Education Standards*, National Academy Press.

社会的な見方・考え方とは

社会的事象の地理的な見方・考え方

地理の主要テーマ

　見方・考え方の実体は，あくまで概念（理論）でしょう。見方を育成するということは，「なぜ疑問」の答えを積み重ねて一般化させた知識を獲得させることです。こういった知識は地理学をはじめとする科学の研究成果です。これらの一般化された知識が社会的事象や地理的事象に関する見方です。

　地理教育国際憲章（IGU-CGE, 1992）は，地理の主要テーマとして次のものをあげています。

① 位置と分布
② 場所
③ 人間と自然環境との相互依存関係
④ 空間的相互依存作用
⑤ 地域

　例えば，地理的な事象の分布には一般化できるいくつかのパターンがあります。貿易をはじめとする空間的相互依存作用にも水平分業のようにある程度一般化できるパターンがあるでしょう。

　一方，場所，人間と自然環境との相互依存関係，地域は，どちらかというと地方的特殊性が強調されます。場所という言葉は日常生活でもよく使います。

　これらは程度の差こそあれ，抽象化された概念です。例えば，位置や分布でいえば，前の項で解説した集積の不利益という概念であったり，場所でいえば，多様性という概念であったりします。さらにこれらを単語ではなく，「集積が過度に進むと，過密問題や公害などの都市問題が発生する」のよう

に命題化されていなければ、生徒には身体化されません。これらの概念は説明力の高いものです。こういう説明力の高い概念を獲得することが社会科の目標でした。平成29年版では、こういう見方・考え方が方法概念として位置づけられています。しかし、見方・考え方は、社会事象を説明する概念であり、やはり目標でしょう。

　岩田（1984）は、「中学校地理的分野では地理的な見方・考え方を育成していくことは重要な部分を占めていますが、特に中学校地理的分野の学習は、地理的な見方・考え方の育成の場であるとは言い難い状況だ」と述べています。岩田が分析した通り、社会科地理的分野の教科書には、経済学や政治学などの社会諸科学の成果が書き込まれており、それらは社会諸科学全般にわたる基本概念になっています。これら社会諸科学の研究成果を踏まえ、多面的な見方ができることこそが社会科的です。一方、様々な見方・考え方の中で、地理的見方・考え方も十分機能させるべきでしょう。

地理的な見方・考え方を身につけるための探究

　社会的な見方、地理的な見方の育成は、説明力の高い知識・概念の獲得によって可能になります。また、社会的な考え方、地理的な考え方の育成は、獲得した知識・概念を用いた価値判断、つまり根拠を明確にした価値判断によって可能になります。

　社会的見方は事実に関する科学的探究によって、社会的考え方は価値に関する探究によって育成されるということです。

　それでは科学的探究とはどのようなことでしょうか。ここでは、問い、仮説、検証という流れを科学的探究としておきましょう。詳しくは、46ページ以降で順次解説します。

【引用・参考文献】
○岩田一彦（1984）『地理教科書を活用したわかる授業の創造』明治図書
○ IGU-CGE（1992）*International Charter on Geographical Education*，訳は中山修一（1993）「地理教育国際憲章」『地理科学』48(2)，pp.104-119.

社会的な見方・考え方とは

多面的・多角的に

多面的とは

　多面的とは，多学問的ということです。地理的な観点から，歴史的な観点から，経済的な観点からというように，様々な学問的見方をすることによって，事象を多くの側面から分析することができます。事象を多面的に考察することは社会科では重要です。なぜなら，社会事象は因果が1対1ではないことが多いからです。そのため，多面的に見ることは社会科的です。

　地理的分野では，少なくとも地理的な観点からの分析が必要でしょう。しかし，それ以外の観点からの分析も大切です。浮田（1970）は，「ミクロな地域を扱った論文の中には，例えば，農家の織物業兼業を扱った，農業地理学とも工業地理学ともつかぬ論文や，農家の本家－分家関係など，農村社会学的な問題を大きく取り上げた論文などが多く見られることが，『地理学文献目録』を作成するときに分類に困る」と述べており，しかも，「そのような論文の中には，すぐれた論文が多い」と述べています。すぐれた研究は，多面的であることが多いようです。

多角的とは

　多角的とは，様々な社会的立場に立ってということで，社会科ではとても重要な観点です。例えば，地域のまちづくりには様々な立場の人や組織がかかわっています。まちづくりにかかわる主体には，例えば，「公（例えば，市役所）・共（例えば，自治会）・商（例えば，地域の商店街）・私（住民としての私）」（吉田，2014）があり，それぞれ社会的立場（＝役割）からまちづくりにかかわります。そのようにいくつかの社会的立場から物事を見るこ

Chapter3 これだけは知っておきたい！地理授業づくりの基礎・基本

とが多角的です。

　また，自分の社会的立場はどれか1つに収まらない場合もあります。家族が市役所に勤めている公務員であったり，地元の企業に勤めていたりするかもしれません。さらに，地域に暮らしていると，地域のコミュニティに所属することにもなります。つまり，私が共の立場で地域のために参加・貢献することもあるのです。社会は，そうした役割を遂行する主体により成り立っています。

　竹内（2012）は，「重層的地域形成主体」の重要性について論じています。自分自身もまちづくりの主体であることが意識できれば，まちづくりは決して余所事や他人事ではなくなり，自分の住むまちへの関心が高まるはずです。そして，自分の隣には当然自分とは立場の異なる級友がいるのです。

　多角的という言葉から派生して，どのようなスケールでアイデンティティをもつのかということも重要です。様々なスケールでということは，空間的にいうと自分，コミュニティ，国家，世界などの単位を指しています。時間的にいうと，時間の長短です。10年単位で見るのと，100年単位，1000年単位で見るのとでは見方が変わります。社会的にいうと，集団のスケールです。これらの多面的・多角的な分析は，社会の仕組みや社会の問題を見ることができる概念装置（理論）を導き出すための手段です。

　マルチ・スケールで考えるということは，自分，コミュニティ，国家，世界など複数の視点から見るということです（吉水，2011）。スケール，つまり一定の空間的，時間的，集団的なまとまりがどのようなプロセスで形成されるのかも大切な視点です。

【引用・参考文献】
○浮田典良（1970）「地理学における地域のスケール―とくに農業地理学における―」人文地理22-4，pp.405-419.
○竹内裕一（2012）「地域における社会参加と地理教育」E-journal GEO（7)-1，pp.65-73.
○吉田正生（2014）『Let's do 社会科！その現在と未来』文教大学出版事業部
○吉水裕也（2011）「地理的スケールの概念を用いたマルチ・スケール地理授業の開発―中学校社会科地理的分野「身近な地域の調査『高知市春野地区』」を題材に―」新地理59-1, pp.1-15.

「知識の構造化」とは

問いのブレイクダウンと仮説の設定

わからなくなったら「問いをブレイクダウン」しているはず

　突然ですが，「あなたはなぜ教員になりたいと思ったのですか」という問いに答えるためには，どのような情報と論理が必要でしょう。

　情報としては，「私が先生になりたいと思ったのは中学校3年のときだった」とか，「中3のときの先生にあこがれた」，「大学で学んだ歴史学が最も活かせるのが教員という仕事だった」，「人にかかわる仕事に就きたかった」などがあるでしょう。小学校以来ずっと用いてきた5W1Hです。一方，それをどのような順序で述べれば相手に伝わるのかを考えるでしょう。時間の流れとともに述べるだけでは，「なぜ」に答えたことにならないと考えるのではないでしょうか。論理の組み立てです。

　そこで「私は人にかかわる仕事をしたいと思っていました。そう思わせてくれたのは，中学時代の恩師でした。その先生は，私たちが困ったときにいつもそばにいてくれる存在だったのです。そのような存在に私もなりたいのです。また，大学時代に学んだ歴史学を活かすこともできます。だから，私は教員になりたいのです」と答えます。これを見ておわかりのように，「なぜ」の答えは様々な情報を関連づけたものです。もちろん因果関係のように原因と結果の関係で明確に説明できることが理想です。しかし，社会の問題や個人によって答えが変わるような問題には，そんなに明確には答えられない場合もあります。いずれにしても，「なぜ」と問われると，複数の情報を組み合わせなければならないことがわかります。これらの問いとその答えの関係を整理する必要があります。知識は問いに対する答えです。

初恋という言葉を使った疑問文とそれに対する仮説

　初恋という言葉を使って疑問文をつくってみましょう。
1）あなたの初恋はいつでしたか？（When）初恋のお相手は？（Who）初恋の人とはどこで出会いました？（Where）初恋って何色？（What）
2）あなたの初恋はどのように始まってどのように終わったの？（How・経過）初恋相手をめぐる人間関係図はどのようになっている？（How・構造）
3）なぜ初恋って成就しないの？（Why）

　「なぜ初恋は成就しないのですか」という問いに答えてみましょう（吉水, 2008）。ここではいくつかの仮説が設定できます。

　　仮説1　初恋をするときには，まだ子どもだからではないか。
　　検証1　初恋の年齢を調査する。　→　いつ
　　仮説2　初恋の相手は年上の先生などが多いからではないか。
　　検証2　初恋の相手を調査する。　→　だれ
　　仮説3　初恋の場合，恋の経験がないのだから，うまく相手を引きつけて
　　　　　おけないからではないか。
　　検証3　初恋の経過を調査する。　→　どのように

　検証するためには，「なぜ」以外の問いにブレイクダウンして，その問いの答え（知識）を利用する必要があるのです。上の3つの仮説を検証しようとすると，「なぜ」以外の問いを立てて解いていく必要があることがわかります。授業を設計するときにも，この発想が必要でしょう。1時間の授業や単元を貫く学習課題と，その問いに対応する答え（知識や概念）を想定することです。そのためには，知識とそれに対応する問いを，その質によって分類しておくことが重要です。

　それでは，どのように知識や問いを分類すればよいのでしょうか。

【引用文献】
○吉水裕也（2008）「初恋という言葉を使った問いの構造化の練習」授業づくりネットワーク No.275, pp.54-57.

「知識の構造化」とは

情報に関する知識と情報間の関係に関する知識を分ける

記述と説明

Chapter 2（25ページ）で述べたコマンド・ワードに再度着目します。

> ① この現象についてあなたが知っていることを述べなさい。
> ② なぜ，このような現象が起こるのか説明しなさい。

これら2つの問いは明らかに異なっています。①では「述べなさい（記述しなさい）」という言葉が使われています。②では「説明しなさい」という言葉が使われています。ここでは記述と説明を区別することが大切です。

イングランドの中等教育修了認定を行う GCSE 地理という試験では，Command words という問いかけ文に使われる言葉のリストが整備されており，それぞれの言葉に関する解説が書かれています（Edexcel, 2012）。

例えば，記述（describe）には，「事象の主要な特徴，または，存在，出来事，パターン，分布またはプロセスなどの現象を言葉にすること。例えば，地形を記述する際には，それがどのように見えるか，大きさまたはスケール，それが何からできているか，それがどこで他のものと関連しているかについて述べること。『特徴には，……があります』」と書かれています。つまり，事象に関する特徴をいくつかの観点から列挙すればよいということです。

一方，説明（explain）には「事象が起こる理由を書いてください。答えには，現象の原因やその形態／本質に影響する要因を述べなければなりません。これは，通常プロセスの理解を必要とします。説明は記述より高度な技術です。そして，そのためより高得点が与えられることになります。『ここ

では目的または理由を述べてください』」と書かれています。記述が，知識の列挙であるのに対して，説明には原因と結果という情報間の関係が要求されるのです。この2つを使い分けることは，授業づくりでは重要です。

情報（記述的知識）および情報間の関係に関する知識（説明的知識）

　岩田（1991）は，社会科における知識を事実に関するものと価値に関するものとに分けたうえで，事実に関する知識を，「いつ，だれ，どこ，なに」という問いに対応した情報に関する知識（記述的知識）と「なぜ」という問いに対応する情報間の関係に関する知識（説明的知識）に分けています。

岩田（1991）による問いと知識の分類

問いの種類（疑問詞）	習得される知識
①情報を求める問い（when, where, what, who）	記述的知識
①，②の中間の問い（how）	分析的知識
②情報間の関係を求める問（why）	説明的知識（概念的知識）

　具体的な「なぜ疑問」を探究すれば，原因になる事象と結果となる情報が明らかになります。「なぜ疑問」は，それそのものに直接答えることができません。そのため，前項の初恋の例のように，「なぜ疑問」の下位に位置づけられた問いに関する答え（記述的知識や分析的知識）を組み合わせて，答えを導くのです。「なぜ疑問」に関する答え（説明的知識）は，時間や空間を限定した具体的な情報間の関係で，因果関係を指しています。説明的知識が繰り返し習得され，一般化されたものが概念的知識です。

　Chapter 4には，単元で獲得する知識に対応した問いの構造が示してあります。問いの構造図で学習内容を整理してみてください。

【引用・参考文献】
○ Edexcel（2012）GCSE Geography command words（訳は筆者による）
○ 岩田一彦編著（1991）『小学校社会科の授業設計』東京書籍　p.29表より一部引用

「知識の構造化」とは

知識の構造化が授業分析を可能にする

授業分析の枠組みとしての知識

　知識の質的分類を行うことによって，説明的知識を獲得するための「なぜ疑問」の優位性が理解できたと思います。説明的知識を獲得させる授業になっているのか，また，説明的知識以外にはどのような知識が獲得されているのか，実際の授業での発問と指示を全て問いの形に書き出して構造化してみます。

　次ページの図は，河原和之氏の中学校社会科地理的分野「国境」の概念に関する授業（2008年5月実践）1時間分の問いの構造を示しています。ビデオ録画から作成した記録をもとに作成しました。問いの前に付されている数字は，発言順を示したものです。

　この授業では，繰り返し「なぜ疑問」が提示されます。そして，なぜ疑問の答えが順に習得される構成になっています。生徒は「なぜ」という問いに対して予想したり，仮説を立てたりして，その仮説を検証するようなことはしていません。一方，教師は，「なぜ疑問」の答えが出たところで，本時の主題である，「国境とは何か」について考えることを促すような投げかけをするだけで，「国境とは何か」という問いを授業で直接設定することもなければ，その答えを語ることもしません。国境とはこういうものだということを類推させるような「なぜ疑問」を繰り返して設定し，説明的知識を多数獲得させているのです。生徒に類推させることによって，国境とは〇〇であるという概念の醸成を図っているのです。1時間の授業で，1つの「なぜ疑問」をじっくり解く探究型の授業にはなっていないこと，そして，その一方で，説明的知識から一般化を図っていることが図から読み取れます。

Chapter3 これだけは知っておきたい！地理授業づくりの基礎・基本

河原和之氏・中1社会科地理的分野・「国境」の授業　問いの構造

（吉水裕也作成）

説明的知識に対応する問い	分析的知識に対応する問い	記述的知識に対応する問い
●10-2　なぜシンガポールからマレーシアへ行く車はガソリンをチェックされるのですか。		4　マレーシアはどこですか。
		5-1　シンガポールはどこですか。
		5-2　シンガポールからマレーシアへ行くときに，車のどこをチェックされますか。
		10-1　マレーシアではシンガポールより何が安いのですか。
●20-2　なぜカンボジアからタイへ行く人たちには布を足に巻きつけている人がいるのですか。	25　足に巻きつけた布は，タイでどうするのですか。（目的）	12　カンボジアからタイへ行こうとしている写真の人はどこがおかしいですか。
		20-1　足に何を巻きつけているのですか。
	26-1　世界の国境はどのようになっていますか。（構造）	26-2　アメリカとカナダの国境は何と何で決められていますか。
		26-3　中国とネパールの国境は何で決められていますか。
●48,49　なぜ，アフリカには直線の国境が多いのですか。	26-4　アフリカの国境にはどのような特徴がありますか。（構造，経過）	26-4　アフリカの国境のおかしなところはどこですか。
●50　なぜ，定規でひいたような直線の国境になっているのですか。	47　砂漠の中の国境はどのようになっていますか。（構造）	
	54-2　旧宗主国のヨーロッパはどのように領土を決めたのですか。（経過）	54-1　アフリカは昔どこの国のものでしたか。
●73　なぜ，カメルーンはチャド湖まで国境線をのばしているのですか。		61,62　カメルーンはどこですか。
		65　カメルーンの国境のおかしなところはどこですか。
		67　カメルーンの国境はどこまでのびていますか。
		70　カメルーンは何がほしいのですか。
		74,75,79　湖のよいところは何ですか。
		86-1　湖では何で物を運ぶのですか。
●127　なぜ，アフリカでは民族紛争が起こっているのですか。	72　カメルーンにはどのような植民地支配の歴史がありますか。（経過）	
●86-1　カメルーンはかわいそうなのですか。	86-2　カメルーンではどのように国境がひかれたのでしょうか。（目的，経過）	92　カメルーンの民族はいくつでしょう。
	89　カメルーンの国境の形はどのようになっているでしょう。（構造）	
●113-4　なぜ，ケニアとタンザニアの国境は曲がっているのでしょう。	113-3　ケニアとタンザニアの国境はどうなっていますか。（構造）	113-1　ケニアとタンザニアはどこですか。
		113-2　キリマンジャロはどこですか。
		114-1　ケニアはどこの植民地でしたか。
		114-2　タンザニアはどこの植民地でしたか。

思考力を育成する授業とは

探究型授業で概念を獲得する

探究とは

　イギリスの中等地理科では，修了認定試験（GCSE）の1つに，コントロールド・アセスメント（以下，CA）というものがあります。自ら問いを立て，その問いを解いていくプロセスと，結果の表現を大切にしたテストが数か月にわたって行われます。どのように問いの答えを出すのか，どうすれば説得力のある答えが導き出せるのか。そして，どのように表現すれば多くの人にそれをわかってもらえるのか。このような課題に応えるのがCAです。CAでは，研究計画の作成，データ収集とその記述（1日の調査を含む），データの表示とレポート作成，分析と結論，全体の自己評価という配分で，数か月にわたって実施されます。ここで重要なのは，全体の自己評価でしょう。自分が解いたプロセスを振り返って，その課題を見つけ出し，改善することが大切にされているのです。与えられた問いではなく，自分自身で設定した問いについて，どのようにしてその答えを導き，さらにそのプロセスを振り返るところまでをテストとして実施しているというのは，与えられた問いに対して答えを出すこととは異なる学力観にもとづいていることがわかります。

　探究とは，問いを立て，その問いに対する仮説を設定したうえで，仮説を検証するという営みです。

Chapter3 これだけは知っておきたい！地理授業づくりの基礎・基本

問い，仮説，検証

　岩田（1991）は，社会がわかる過程を「概念探究過程」と名づけています。概念探究過程の1サイクルは，問題解決的学習と同様の過程です。そして前節でも述べたように，設定する問いは，社会事象，社会システムの「説明」を基盤にした，いわゆる「なぜ疑問」です。

　学習課題が設定されると，それに対して直感的な予想を行わせ，続いて検証可能な仮説（実証仮説）が設定されます。一般には，多面的に考えるために，異なる学問的なアプローチから複数の仮説が設定されます。もちろんこれらの仮説は生徒の発言がもとになって設定されるものです。

　仮説が設定されたら，次はそれを検証するために必要な資料を探したり，つくったりします。それらの資料から読み取ったことなどをもとに，仮説が正しいかどうかを検証します。仮説が正しいという判断になれば，学習課題に対する答えが得られることになります。

　ハーヴェイ（Harvey, D.）は，『地理学基礎論』の中で，地理学を科学一般の方法論に近似させる方法として「説明」をあげています。ハーヴェイは，説明を「Why あるいは How の質問に対する満足のいく合理的な解答とみなされよう」(p.11)と捉えています。さらにトゥールミン（Toulmin, S.）の論を引用して，「説明の必要性や欲求は問題発見によってもたらされる」とも述べています。この発想は，説明を原理とする社会科授業論でも取り入れられています。学習課題の把握，仮説の設定，検証という科学的探究のプロセスと，その結果として獲得する知識が説明になっているのです。

【引用・参考文献】
○岩田一彦編著（1991）『小学校社会科の授業設計』東京書籍
○ハーヴェイ, D., 松本正美訳（1979）『地理学基礎論：地理学における説明』古今書院

思考力を育成する授業とは

学習課題の発見が本時の目標とつながる

学習課題の発見

探究の基本的な流れは，学習課題となる問いをもつところからはじまります。問いは，生徒が知っていることと知らないことを比較させて，その「ギャップを認識させる」

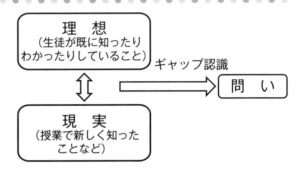

ことによって生じさせます（佐藤 1984）。

ここでは，かつてマレーシアのみで販売されていたグリコの Rocky（ロッキー）の例を取り上げましょう。パッケージデザインは Pocky（ポッキー）と同じですが，PがRに変わっています。Rの上にマスクをかけて，生徒に「このお菓子を知っているか」と問います。子どもは何を聞いているのかという顔をして「ポッキーだ」と答えます。お菓子の Pocky のことはほぼ全員が知っています。11月11日がポッキーの日だということまで知っています。しかし，マスクを外すとそこに隠れているはずのPの文字ではなくRの文字が現れるのです。

次に，「このお菓子はどこで買ったと思うか」と問います。「ロッキー山脈があるのでアメリカかカナダ」「いやいや中国ではないか」という予想が出てきます。しかし，いずれもハズレです。東南アジアの国だというヒントを出すと，そのうちマレーシアという国名だけは出てきます。

『ポッキーは，世界の多くの国々で販売されているにもかかわらず，なぜ

マレーシアでのみロッキーという名前で売られていたのだろう』という学習課題が導かれます。これはマレーシアがイスラムの国のため，ポッキーが豚肉のポークやポーキーを連想させるからだということです（朝日新聞 2014年3月18日）。

　ポッキーというお菓子は誰もが知っています。一方，ロッキーはほとんど誰も知りません。学習課題を設定する時点で，教室の誰もが知らない状態をつくらないと，生徒同士の学力差が見える授業になります。ゆえに「学力差がない問い」（河原 2005）を学習課題に設定しなければならないのです。誰もが日常生活やこれまでの学習内容から接点をもっていて，且つ誰も知らないことを「なぜ疑問」で追究する。それが生徒に学力差を感じさせない学習課題になるのです。

本時の目標は

　学習課題が設定されると，本時の目標は，その問いが解けることになります。問いを解くためには，資料が必要になることが多いです。初見の資料を読み解く場合には，資料を読み解く技能に関する下位の目標が設定されます。問いを解くための仮説を設定する段階では推論をしていますから，思考力に関する下位の目標を設定することができます。もちろん，問いを解いた結果が正しいと判断されれば，それが知識となりますから，知識・理解に関する目標になります。

　本時の目標は，特に知識・理解に関する項目について，学習課題（問い）の答えを具体的に書き込む必要があります。それが教える側にきちんと設定されていないと，ゴールがどこかわからないまま授業が進むことになり，先生も生徒も迷走します。

【引用・参考文献】
○佐藤允一（1984）『問題構造学入門―知恵の方法を考える』ダイヤモンド社
○河原和之（2005）「学びたい！学ぶにたる学習課題を―中学「経済」の授業から授業改革の方向性をさぐる―」教育55－9，p.108.

思考力を育成する授業とは

仮説検証のための資料選定と読み取りは問いと関連づける

仮説を検証するための問い

　仮説は大きく２種類に分けられます。直接検証できない理論仮説と，検証可能な実証仮説（作業仮説）です。例えば，「なぜ，国土面積の狭いオランダの農業輸出額が世界第２位になったのか」という学習課題で考えてみましょう。

> オランダの農業に関する基礎的データ（2013年）
> 　　　　　　　　　　　出典：FAO統計，農林水産省のデータによる
> ・国土面積は九州とほぼ同じ大きさ。
> ・農産物の輸出額は909億ドルで，米国に次いで世界第２位。その約3/4は関税がなく，検疫上の制約も小さい隣接したEU加盟国への輸出。
> ・農用地はそのうち約45％の185万ha。日本の農用地は454万ha。
> ・１経営体当たり平均経営面積27.3ha（日本は2.39ha，北海道は25.82ha）。

　授業では，オランダに関する情報を生徒と共有します。オランダの農作物輸出額と国土面積のデータを丁寧に読み解いて，学習課題を導きます。
　次に，その理由を予想させます。「何か特定の作物だけ集中的に栽培しているのではないか」「すごい技術をもっているのではないか」「大規模経営だからではないか」「政府が農業中心の政策をとっているのではないか」などの予想が出そうです。
　予想を仮説にするには，検証可能にしなければなりません。
　学習課題を発見するときに，すでにオランダの農作物生産額，輸出額の世

Chapter3 これだけは知っておきたい！地理授業づくりの基礎・基本

界ランキング，主要作物の生産額などが示されているのなら，それらが裏づけになる可能性があります。しかし，そのようなものがなければ，証拠となりそうなデータなどを探させましょう。

学習課題（メイン・クエスチョン）
　なぜ，国土面積の狭いオランダの農業輸出額が世界第2位になったのか。
仮説1
　何か特定の作物に特化しているのではないか。
　　資料　輸出額の資料を見ると，特定の作物が特に多い。
　問い1（サブ・クエスチョン1）
　　オランダではどのような農業政策をとっているのか。
仮説2
　高い農業技術をもっているのではないか。
　　資料　日本よりも栽培面積が小さいのに日本よりも生産額が大きい。
　問い2（サブ・クエスチョン2）
　　オランダではどのような農業が行われているのか。

　いくつかの仮説が設定できれば，次に検証です。検証するための問い（サブ・クエスチョン）にもとづいて行います。オランダの農作物輸出品目一覧から，ジャガイモ（2013年世界輸出額第1位），テンサイとともにトマト（2013年世界輸出額第2位）に着目しましょう。オランダは日本よりも狭い国です。しかし，トマトの生産は日本よりも多いのです。ここを生徒と情報共有して，そこから「オランダではどのようにしてトマト栽培を行っているのか」「政府はどの程度の農業支援を行っているのか」という問いを立てます。
　これらの問いに答え，さらにその答えを組み合わせることによって，学習課題の答えが導き出されるのです。1サイクルの探究で，学習課題（メイン・クエスチョン）と問い（サブ・クエスチョン）は，学習課題と仮説との関係と対応して設定するのです。

思考力を育成する授業とは

説明的知識の獲得から一般化へ

帰納か演繹か，それとも験証か

　社会科では，「なぜ疑問」を探究して，その答えである情報間の関係に関する知識（説明的知識）を獲得します。しかし，それ以上に「なぜ疑問」を繰り返し探究し，個々の学習課題からは導き出せなかった一般性（○○とはこういうものだという概念や法則）を探ることが重要です。そして，獲得した概念や法則性が社会的な見方になります。

　個別の「なぜ疑問」を探究する授業過程は，問い，仮説，検証という流れを取るため演繹法的です。一方，「なぜ疑問」を繰り返し探究して，その結果獲得した説明的知識を一般化していく過程は演繹法とは異なります。事例を繰り返し学習していく過程で，概念などが見えてくる流れになるからです。授業では，事例を１つ１つ学習し，その中でもしかするとこういう法則があるのではないかとか，なるほど○○とはこういうものなのではないか，と徐々に概念などが形成されていくのです。

　平成29年版学習指導要領では，社会科や各分野の目標の冒頭に「見方・考え方を働かせて」という表現が出てきます。前述の通り，見方は獲得された概念的知識です。その概念的知識をどのようにして獲得するのかが，社会科授業デザインの基礎になるでしょう。

日常生活（文脈）から一般化（脱文脈）へ

　例えば，「国境」とはどのようなものかを授業で取り上げるとしましょう。国境とは，国と国の境です。これは現象としての国境の意味です。国境は人為的に設定されています。川や山脈などによる自然国境も，緯線や経線など

Chapter3　これだけは知っておきたい！地理授業づくりの基礎・基本

による数理国境も，どちらも通常人為的です。では，この国境の本質とは何か。それは，国と国との境という定義では不十分です。国境の本質がわかるように事例を繰り返し積み上げ，定義していきます。そのためには，単に事例を羅列して一般化する帰納法的なプロセスではなく，1つの事例に関する答えが出たら，もしかすると○○ではないかと予想をさせ，概念などを少しずつ一般化させてつくり上げていく験証プロセスをとることがあります。

　例えば，50ページで紹介した河原氏の授業では，シンガポールからマレーシアへ行く車が，どこかをチェックされる話が出てきます。それはガソリンの量です。生徒は「なぜガソリンが入っているのかチェックされるのでしょうか」という問いについて考えます。その問いの答えが出たときに，教員は「国境というのはそういうものなんですね」としか言いません。そして，次の事例である「なぜ，カンボジアからタイへ移動する人は足に布を巻きつけているの」という事例に移るのです。

　まだ，事例は続きます。「アフリカの国境で変だなと思うところに○をつけてみましょう」。数理国境が引かれているところがたくさんあるため，生徒は直線状になった国境に○をつけます。もちろんその事例に関する知識を獲得したら，教員は再度「国境とはそういうものなんですね」とつぶやきます。このように，事例→概念？→事例→概念？と繰り返して，概念がだんだんと明確にわかってくるプロセスを「験証」法プロセスといっています。事例の後に出てくる概念は，最初はもしかすると，というレベルなのです。それが事例を繰り返し学習する中で段々と確信がもてるようになるのです。

　国境とは防犯，防疫，経済保護などのために出入国管理を行うところであるという本質に迫るために，事例を繰り返して学習するという概念は，教師による解説ではなく，生徒によって形成されるのです。

意志決定力を育成する授業とは

価値に関する事柄を
授業に取り入れる

意志決定力を育てよう

　社会科の目標である公民的資質（公民的な資質・能力）については様々な考え方があります。例えば，社会で実際に起こっている論争問題について，授業などで学んだ事柄を総動員して意志決定する力を想定しているもの，意志決定するだけではなく，実際に社会での活動に参画する社会参画力を想定しているものなど，その射程とするところは様々です。

　意志決定とは，これから起こることを予測し，未来志向で個人的な選択をすることです。そのためにはこれまでに起こったことをもとに，できるだけ客観的に過去のことを分析し，価値判断する力も必要です。社会科地理的分野の授業でも，公民的分野で想定されている効率と公正，対立と合意などの概念が価値判断する際に考慮すべき枠組みになります。解決策を協働して生み出していくこと，そして，なぜその解決策を選択するのかを説明させることが社会科では重要です。

どんな問題を設定するか

　では，社会科地理的分野ではどのような問題を意志決定させるのでしょう。それは，いつでもどこでも起こり，かつ社会の問題です。岩田（2001）はそれを「恒常的社会的論争問題」といっています。例えば，河川の氾濫を防ぐための堤防の改修をどこでどの程度のコストをかけて行うのか，震災などの災害対応応急仮設住宅の配置をどのように行うのか，都市に残る伝統的景観をどのように保存するのか，どのようにバイパスを建設するのか，など，社会にかかわって意志決定させる問題はいくらでもあります。それらについて，

生徒自身が判断するのが意志決定です。

学習した知識・概念を動員しているか

　人間は合理的には意志決定できず，何らかのバイアスがかかってしまうことはよく知られています。損失回避バイアス，正常性バイアスなど，日常生活の中でも知らず知らずのうちに働いているバイアスがあります。このようなバイアスに影響されずに意志決定することはなかなか難しいことです。一方，これらのバイアスを回避するためには，科学的な知識が必要です。

　また，どのような意志決定をするかは，その人がどのような価値基準をもっているかによっても異なります。功利主義的な考えか，自由主義的な考えか，共同体主義的な考えか，それらのどれが上位にくるのかによっても意志決定が変わります。そして，どの意志決定がよいのかとは簡単にいえません。

　例えば，1960年代以降多数開発されたニュータウンがオールドタウン化している原因を探究する授業で，ニュータウン建設時には，短期間で大量の住宅を供給する必要があったため，同じような間取りの住宅を供給したという説明的知識を，千里ニュータウンを例に学習したとします。また，一定期間で住み替えが進むと予測していたのに，思った通りに住み替えが進まなかったという分析的知識を学習したとしましょう。これを多摩，高蔵寺など他でも確認すれば，同じような家族構成で同じような年齢層の人たちがニュータウン建設時に入居し，その後住み替えが進まないとすれば，当然全体に高齢化が進み，同時に施設も老朽化が進んでオールドタウン化することがわかってきます。これらから，「持続可能なまちづくりのための要素として集団多様性を担保する必要がある」という一般命題（概念）を学習するのです。

　科学的に導かれた集団多様性という概念を，例えば，効率と公正という価値基準でどの程度実現すべきかを考えるのが意志決定の学習になるでしょう。

【引用・参考文献】
○岩田一彦（2001）『社会科固有の授業理論・30の提言―総合的学習との関係を明確にする視点』明治図書

意志決定力を育成する授業とは

多角的に分析するために事実を検討する

1つの事象をめぐる様々な立場と思惑

　論争問題になっているということは，すでに様々な立場で賛否が表明されており，その決着がつかない状態だということです。そのような問題の構造は，少なくとも賛否両方の立場の「主張」を知らなければ理解できません。また，賛成の立場にも複数のアクターが存在する可能性があります。カスピ海を例に考えてみましょう。

　世界最大の湖だと習ったのに，どういうわけかカスピ「海」。地図帳を見てもCaspian Seaと書いてあり，また，塩水だと知るとますます海なのではと思えます。生徒にしてみれば，「どちらでもよいので，誰かどちらかに決めてください」という立場かもしれません。しかし，もちろん沿岸国にとっては重大問題です。海と捉えるか，湖と捉えるかで利害が生じるからです。海となれば国連海洋法条約が適用され，領海などが主張できます。こうなれば海岸線の長い国が広い海域を利用することができるようになります。ということは，海岸線の短いイランなどにとっては不利です。一方，湖とすれば湖岸の国家間で均等配分されることとなり，湖岸線の長いロシアにとって相対的に不利となるのです。

　カスピ海を取り囲む国は，ロシア，カザフスタン，アゼルバイジャン，トルクメニスタン，イランの5か国です。この水域を海とするか湖にするかによって，例えば，地下資源（石油，天然ガス），漁業資源，国際水域としてのアクセスの問題が生じます。特に，2000年にはカスピ海で重要な油田が相次いで発見されましたので，周辺国ではさらに大きな問題となりました。また，カスピ海は流れ出す河川がなく，流入河川のうちボルガ川はボルガ＝ド

Chapter3 これだけは知っておきたい！地理授業づくりの基礎・基本

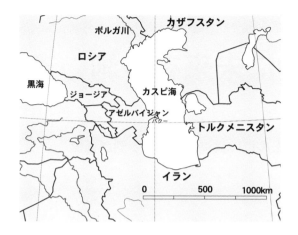

ン運河などを利用して黒海に出られる重要ルートです。アゼルバイジャン，カザフスタン，トルクメニスタンの3国は内陸国のため，このルートの確保は極めて重要です。

　領土や領海問題を解決しようとするときには，いくつかの方法があります。例えば，武力に訴える，当事国合意の上国際司法裁判所に付託する，当事国でよく話し合う，です。

　沿岸各国がそれぞれどのような資源をもち，また求めているのかをデータとして把握して，どのように折り合いをつけようとしているのかを調べさせましょう。領域を主張する際には，経済的な利害がからんでいることが前提です。沿岸国は「カスピ海沿岸国サミット」を定期的に開催して話し合いをしています。そこで，各国がどのような主張をしており，なぜそのような主張をするのかを考えさせます。

　多角的というのは，いくつかの立場に立ってということです。しかし，相手の立場に立つことは難しいし，情緒的です。そのため，相手が「なぜ」そのような主張をするのか分析させるわけです。

　アゼルバイジャンは，海か湖かどちらを主張するでしょうか。なぜ，アゼルバイジャンは海だと主張するのでしょうか。このような問いを立てて，事実を分析的に検討しましょう。

意志決定力を育成する授業とは

具体的に未来を予測してみる

意志決定するためには具体的な未来予測が必要

　前述の通り，意志決定することは未来志向で何かを選択することと位置づけます。社会科の授業で生徒に意志決定させるためには，その意志決定がどのような未来を招くことになるのかということや，逆に具体的に未来を予測させる必要があります。

　意志決定をする前に，「なぜ」という問いを立てて意志決定する対象に関する事実を分析したり，クラスメイトが潜在的に異なる立場であることを認識したりして，論題を自分のこととして捉えることができたときは，学習したことを活用し，3年先，5年先，10年先というように具体的な時期を設定して，今後の社会がどのようになるのか未来予測してみる必要があります。意志決定は，その予測をもとになされるのです。

2035年の世界は？

　国際地理オリンピック京都大会（2013年開催）のフィールドワークテストでは，京都市伏見区の2035年の姿を具体的に予想し，伏見が都市と水が調和した持続可能なまちになるように，1km^{2}の範囲の再開発計画を提案する問題が出題されました。提案のために，伏見区の人口や都市化の現状，大阪など他の大都市との結びつきの様子などが示された資料集（Source Booklet）が配布されました。そこに含まれたデータも再開発計画のための根拠になります。また，実際に伏見のまちを歩き，観察したことを根拠にすることもできます。思いつきを書くのではなく，根拠にもとづいて立論し，その内容を文章と地図で表現することが求められました。

Chapter3　これだけは知っておきたい！地理授業づくりの基礎・基本

　もちろん未来の予測は難しいです。例えば，20年後，東京・大阪間の新幹線の本数は増えているでしょうか，それとも減っているでしょうか。東京と世界中の都市との結びつきは一層強まり，取引は24時間365日休まず続いているでしょう。そうすれば，ますます東京への一極集中が加速し，東京と地方都市との移動が増えるとも考えられるし，ICT環境の充実によって，移動の必要性がなくなるかもしれません。全く異なる視点ですが，働き方の改革が進み，様々な機関や施設の営業時間が短縮されるようになっているかもしれません。それらを総合して予測してみると，新幹線は24時間走るようになっているかもしれませんし，逆に本数が減ってしまっているかもしれません。

　具体的に何年か先のことを予測したうえで，自分自身はこうしたいという意志決定をしてもらうことが重要なのです。

様々な時間スケールでの展望を

　２年後といった短期的なスケールの展望も必要です。震災などの大規模災害のときには，応急仮設住宅が建設されることがあります。元の住宅，避難所に続いての仮設住宅での暮らしは，短期間に環境の変化が何度も起こるため，様々な問題に繋がることがあります。２年の間に，様々な不調を訴える人がいたり，助け合いが難しい環境になったりすることもあります。助け合いがしやすい環境をつくるにはどうすればよいか，限られた期間であってもみんなが暮らしやすい環境をつくるための工夫が必要です。もちろん行政をはじめとする様々なアクターが，共助可能になるように，そして元のコミュニティを維持できるようにするなど，この問題への様々な対応を行っています。

　未来予測は，具体的なデータにもとづいていなければなりません。震災の応急仮設住宅の場合は，仮設住宅入居直後よりもしばらく時間が経ってから孤独死が増えたことがわかっています。また，孤独死の定義も県によって異なりますので，どの定義を妥当と見るのかも吟味が必要です。

思考・判断したことを表現する

ワークシート・プリント作成の工夫

見出しを「問い」に

　中学校の授業を見せていただいたり，教育実習でお世話になる学校で授業を見せていただいたりする機会がよくあります。そこで目にするのは，プリント学習です。もちろん，プリント学習自体が悪いというわけではありません。学校で使われているプリントの特徴は，①教科書本文では書ききれないことが書かれている補足資料集としてのプリント，②プリントに多数の空欄があって，単語や地名を書き込むようになっている暗記を補助するプリントが多いことでしょうか。また，③完成したプリントからは授業のストーリーが読み取りにくい（そもそも授業にストーリーがないのかも），④地理的分野のプリントなのに地図がない，ものも案外多いです。

　プリントを作成する際に，教師がまず気をつけることは，タイトルです。プリントのタイトルは空欄にしておき，そこに学習課題を問いの形で書き込ませましょう。プリントを振り返って見たときに，何の学習をしたのかがひと目でわかり，さらにその問いを解いた過程が見渡せるものにしたいですね。

括弧埋めは単語ではなく文に

　プリントを半完成版にしておき，授業中に様々なことを書き込ませるワークシートにするのは授業を進めるうえで様々な利点があります。しかし，1つ気をつけたいのは，空欄に書き込むのが全て単語にならないようにすることです。少なくとも文，できれば文章を書かせましょう。学習課題の予想を書かせたり，仮説を検証するための資料から読み取れる内容を箇条書きにさせてみたりすることもできます。もちろん学習課題の答えを書かせる必要も

Chapter3 これだけは知っておきたい！地理授業づくりの基礎・基本

あります。

問いを見つける過程と問いを解く過程が見えるプリントを

　学習指導案は，導入－展開－整理という3つの段階で書くことが多いです。導入って何をする場面でしょうか。例えば，導入を学習課題発見過程と捉え，展開を学習課題解決過程と捉え直してみましょう。授業は，学習課題となる問いを発見共有する過程と，学習課題を解く過程に分かれます。プリントも，問いを見つける学習課題発見過程と学習課題解決過程に分かれます。

　プリントをこの過程に沿って作成すると，以下の要素が必要になります。
　①学習課題を発見する過程で必要な資料
　②学習課題を書くための空欄
　③予想を書くための空欄
　④仮説を書くための空欄
　⑤仮説を検証する過程で必要な資料
　⑥学習課題の答えを書くための空欄

地図で作業，図表で作業

　学習課題を発見する過程か解決する過程かのどちらかで地図を使いたいものです。例えば，分布図を作成して，分布の偏りを認識させ，「なぜ，石油が産出するところは偏っているのだろう」という学習課題を発見させる作業をさせることができます。学習課題解決過程では，油田の分布地域と背斜構造の地域の分布地域を重ね合わせる作業をさせて，なぜ石油産出地域に偏りがあるのかを検証する作業が可能です。このようなストーリーをワークシート（プリント）に表現しましょう。

QRコードを効果的に活用しよう

　QRコードは，教室でタブレット端末を使った調べ学習を行う際には非常に便利で時間短縮になります。プリントにQRコードを入れてみましょう。

思考・判断したことを表現する

考察したことをノート化するポイント

探究のストーリーが見えるノートに

　授業で行う探究のプロセスをノートに整理させましょう。この際，ノートに書き取らせる要素は，先ほどのプリントと重なります。

　事実に関する探究を行う授業では，学習課題発見過程と解決過程が想定されます。このような探究のストーリーを意識したノートづくりが大切です。

　次ページのノートは，コーネル・メソッド・ノートの枠組みを用いて記録したものです。コーネル・メソッドはアメリカのコーネル大学で開発されたもので，Ｂ５判やＡ４判などのノートが市販されています。

　右側のノート・エリアには，板書されたことや具体的な問い，その答えなどが書き込まれています。左側のキーワード・エリアには，ノート・エリアから抽出したキーワードが書かれています。そして，ノート下部のサマリー・エリアには，抽出したキーワードを使って学習課題に対する答えが書かれています。学習課題を共有し，それに対する予想や仮説，そして仮説を検証する流れが左側のキーワード・エリアに書かれた言葉からも読み取れます。

　ノートに主要な問いが書き込まれることで，探究のストーリーが読み取れることになります。探究のストーリーは，平成29年版学習指導要領に示された「考察」のストーリーでもあります。

　また，今後はパフォーマンス課題としてポスター作成などが求められることが増えるでしょう。例えば，地域の問題をどのように解決するのかを議論したりしてアイデアを出します。まさに，どのようにすればよいのかという「構想」を書いたようなものです。

Chapter3 これだけは知っておきたい！地理授業づくりの基礎・基本

○月○日（月） EU 3 学習課題	農産物輸出額　1位 USA　2位 ?　3位 ブラジル　4位 ドイツ なぜ国土面積の狭いオランダの農産物輸出額が世界第2位になったのか。
予想	高級品ばかり生産しているから EU 域内で関税がかからない輸出入が多いから
仮説1 　集約型へ 　　経営面積小 　　花き 　　ばれいしょ 　　トマト 　　チーズ 　EU加盟国への輸出	何か特定の作物に特化しているのではないか オランダではどのような農業政策をとっているのか 　　◎オランダの農業の概要 　　　1経営体当たり平均経営面積は27.3ha（2013年）。 　　　　ドイツ，フランスより小。北海道よりは大。 　　主要農畜産物 　　　花き類（チューリップなど） 　　　ばれいしょ（輸出額世界 第1位（2013年）） 　　　玉ねぎ，トマト（同第2位） 　　　キュウリ，パプリカ， 　　　生乳（チーズ（牛）の輸出額世界第2位），豚肉など。 　　◎農産物の輸出額 　　　909億ドル（世界第2位）　1位はアメリカ合衆国 　　　その約4分の3は，関税がない EU 加盟国への輸出（2013年）。
仮説2 　技術開発 　ロッテルダム 　加工貿易 　タバコ	高い農業技術をもっているのではないか オランダではどのような農業が行われているのか 　◎大学などとともに施設での集約型作物栽培の技術開発 　◎西ヨーロッパの中央部に位置し，ロッテルダム港などの良港を有しているため，加工貿易（例：タバコの葉→タバコ，カカオ豆→チョコレートなど）や中継貿易を行うのに有利。

　オランダでは，ドイツやフランスに比べて農業1経営体当たりの経営面積が27haと小さいため，花き，ばれいしょ，トマトなどの集約型の農作物を施設栽培している。大半は関税のない EU 加盟国への輸出である。施設での新しい栽培技術は大学などと連携して開発している。また，西ヨーロッパ中心部に位置し，ロッテルダムなどの良港を有しており，タバコなどの加工貿易や中継貿易を行うのも有利なため，農業輸出額が大きくなっている。

コーネル・メソッド・ノートの枠組みを使ったノート

地図に表現させる

読図だけではなく作図も

　地形図や地図帳の地図を読むだけではなく，作図することも大切です。様々なタイプのデータを用いて主題図を作成する，つまり，空間の問題として提起するのは地理の醍醐味といってよいでしょう。

　統計データ（二次データ）から主題図を作成するだけではなく，自分自身で調査して得たデータ（一次データ）を地図に表現することもあります。

　次の集計用紙は，教員免許更新講習を受講した方が作成されたものです。課題は，地下街の店舗を調査し，店舗をいくつかに分類してくださいという

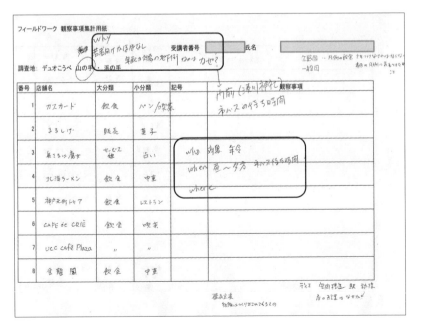

Chapter3 これだけは知っておきたい！地理授業づくりの基礎・基本

ものです。自分なりに店舗を分類し，それぞれの凡例を作成して地図化します。できた地図がどのようなメッセージを読み手に伝えたいのかがわかるように作成してもらいました。

　作図する際には，調査内容を伝えるためにどのような分類をして，どのように凡例を作成するのかを考えることになります。凡例は誰かがつくっていて読図の際に利用するものという考え方から，調査結果から伝えたいことを的確に伝えるためにつくるものという発想に切り替えようというものです。

　地域調査をした結果は，集計用紙（タリーシート）に記録していきます。番号は地図中にも記録して対応するようにしておきます。

　この集計用紙には，調査した店舗名，大分類，小分類，そして観察事項が書き込めるようになっています。下の地図の場合，地上に何があるのかを考えて，滞在型と店頭型という2つの大分類が作成されています。さらに滞在型にはレストラン，喫茶，サービスという小分類が作成されています。このような分類ができること自体が地理学力なのです。

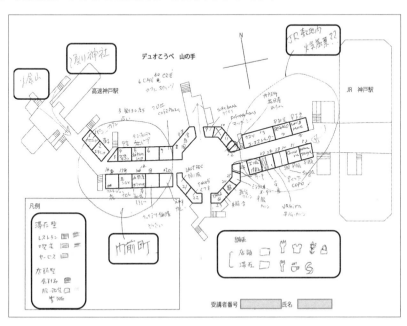

効果的な教材研究の視点と方法

教科書の使い方

教科書を使った単元ごとの教材研究で問いを構造化しよう

　教科書には単元を貫く学習課題，1時間1時間の学習課題が記載されています。そのため，1時間ずつ教材研究を進めても授業ができるようになっています。しかし，少なくとも単元のゴールをきちんと見極めてから授業に入るのがよいでしょう。

　平成29年版学習指導要領では，「何ができるのか」を評価することの重要性が強調されていますので，単元の終末にはパフォーマンス課題を設定し，生徒が理解したことを用いて何ができるかを評価することも多くなるでしょう。ということは，単元がはじまるときには，この単元が終わるときには何ができるようになっているのかを整理して提示できることが教える側に求められるのです。

　イングランドの中等地理教科書 geog. (Oxford社) では，冒頭に単元の目標が端的に示されています。「この単元の学習が終わるまでに，あなたはこれらの問いに答えられるようになっていなければなりません」といくつかの目標となる項目が示されます。例えば，単元で学習する基礎的な用語の意味を聞く問い，そして，単元で学習する中心的な知識や概念について問う「なぜ疑問」（例えば，犯罪のうち警察に届け出ないものがあるのはなぜか）が示されます。そして，単元の最後の時間には，冒頭で示された問いに関連したパフォーマンス課題に取り組むのです。

　例えば，geog.2の「犯罪の地理」単元では，最後の時間に，「犯罪をどのように避けるのか」をパフォーマンス課題として，その課題に対応できるようにするための知識を探究的に獲得させています。

Chapter3　これだけは知っておきたい！地理授業づくりの基礎・基本

　学習内容は，第１に，財産をどのように守るのかについて，フェンス，窓の鉄格子，鍵の設置などの「被害対象の強化」や，新しい建築物を建てる前に，犯罪を誘発しないように考える「被害対象の回避」を学びます。

　第２に，互いの家屋や自家用車がよく見える構造である「監視性の確保」を写真から分析させています。防御する空間づくりという観点で，監視カメラの設置が様々な犯罪を減少させていることを取り上げ，CCTVカメラがどのような犯罪減少に効果をもたらすのか，CCTVカメラを設置するならどこがよいかを考えさせています。

　第３に，「犯罪を減少させることが若者の楽しみを奪うことになる」，「犯罪を減らすには貧困をなくすことである」，「犯罪を減らすにはそれが悪いことだと教育することである」，「犯罪を減らすには犯罪者を厳罰に処することである」という４つの意見から２つを選び，それに対する賛否とその理由を書かせています。ここにはトレード・オフの考え方も含まれており，犯罪を減らすための根本的な姿勢を考えさせようとしているのです。

　このように，学習した内容を用いて具体的な課題を解決するようパフォーマンス課題が設定され，できるのかどうかを評価しようとしています。

　平成20年版学習指導要領準拠の教科書にはパフォーマンス課題は設定されていません。しかし，単元を貫く学習課題や１時間１時間の学習課題は書き込まれています。それらはきちんと繋がっており，構造化可能なはずです。何ができるのかを評価することの大切さを意識して，教科書を使いたいものです。

【引用・参考文献】
○Gallagher, R., Parish, R. (2008) *geog.2 3rd edition*, Oxford University Press, 144p. 訳は吉水裕也（2013）「中学地理教育でリスクをどのように扱うのか―身近な地域の防犯環境設計計測として―」『社会科教育研究』119，pp.58-67.

効果的な教材研究の視点と方法

資料の探し方・つくり方

統計

　地理的分野の授業を進めるためには，基本的な統計資料を揃えておくほうがよいでしょう。ご存知の通り，国勢調査は西暦の末尾が0の（例えば，2010）年には大規模調査，5の年には簡易調査が行われます。国勢調査のデータは，日本の学習では欠かせないものです。外国の学習ではFAOなど国連関係のデータがよく使われます。これらを中心に紹介します。

　まずは政府の機関からです。総務省統計局は，国勢調査など国が行っている統計を管理運営している機関です。

　それでは，中学校地理的分野の授業を進めるために，まず以下の3冊をご紹介します。

　1冊目は『世界の統計』です。この統計は，総務省統計局が作成しているもので，国連などの機関の統計をテーマ別に集約したものです。この統計のよいところは，総務省統計局のHPからデータがダウンロード可能であることです。pdfファイルでダウンロードすれば，冊子版と同じ紙面が印刷できます。また，エクセル形式のファイルで統計がダウンロードできるようになっていますので，後ほど紹介するGISソフトで利用したり，もちろんデータをいちいち入力することなく利用したりすることもできます。

　2冊目は『日本の統計』です。この統計も総務省統計局が作成しているものです。我が国の国土，人口，経済，社会，文化という広い範囲の内容をカバーしており，使いやすい総合的な統計書です。『世界の統計』と同様，pdfファイルでダウンロードすること，そしてエクセル形式でのダウンロードも可能なため，加工しやすくなっています。

Chapter3　これだけは知っておきたい！地理授業づくりの基礎・基本

　3冊目は『日本統計年鑑』です。同じく総務省統計局のHPで全ページ閲覧可能です。エクセル形式でのダウンロードも可能ですので、利用してみてはいかがでしょうか。

地図

　地図にもいろいろなものがあります。日常生活ではほとんど地形図は使わないかもしれません。しかし，まずは地形図です。

　国土交通省国土地理院が発行する地形図は，全国をカバーする2万5千分の1のほか，都市部をカバーする1万分の1がよく使われています。地形図は都市部の大きな書店に行けば手に入ります。また，日本地図センターのホームページからは，ネットショッピングが可能です。まず，校区とその周辺をカバーするように2万5千分の1地形図を手に入れましょう。都市部なら1万分の1も手に入れたいところです。

　地形図のような一般図とともに，主題図も探しておきたいものです。例えば，国土地理院が発行する2万5千分の1土地条件図は，地形判読の模範解答のような主題図です。その他にも，自然関係では都市圏活断層図，土地利用図のような多色刷の主題図が市販されています。72ページで紹介する地理院地図でも閲覧可能です。

　主題図作成に用いられるデータには，定性的データと定量的データとがあり，それぞれ点，線，面のデータがあります。例えば，地図帳にも掲載されている旧国名図は定性的な面データによる主題図です。また，都道府県ごとの米の生産量を示した場合は定量的な面データによる主題図です。

　もちろん，先ほど紹介した統計のデータを用いて，主題図を作成したり，生徒に作成させたりすることもできます。

効果的な教材研究の視点と方法

地図帳の使い方

位置を探す

　授業で出てくる地名や対象範囲は地図帳で予め確認しておきたいものです。地名を探させて指で押さえさせる作業は単純なようですが，重要な作業です。指で押さえたところを隣の生徒と確認し合わせましょう。
　地図帳で位置を探すことができても，掛け地図やモニター上では感覚が異なり位置が探せない生徒もいます。全員で位置の確認をさせることも大切な作業です。
　毎時間地図帳を使い，空間軸の形成を意識しましょう。

地域のつながりを探す

　複数の地名を探させて，どのような交通機関などで結ばれているのか確認させることは，単なる位置の確認作業とは異なります。地域間の結びつきは，目に見える交通網のほか，通信網，そして地域間を移動する物資の量や金額によって，様々に表現可能です。
　点（位置の確認など）から線（都市と都市のつながりなど），そして面（分布や分布パターンの確認）と意図的に見方を変えて，読図させてみましょう。

凡例を確認する

　地図帳に掲載されている一般図には，いわゆる等高段彩図（同じ標高のゾーンに同じ色をつけてある）と土地利用図があります。今見ているページの地図が等高段彩図なのか，土地利用図なのかをよく確認する必要があります。
　等高段彩図は，盆地と平野の色が同じになることはあまりありません。一

方で，土地利用図では盆地と平野が同じ色（例えば，田を示す緑色）になっていることがあり，盆地の標高が実際より低く感じられることがあります。また，例えば，東南アジア地域の等高段彩図を見て，稲作地域を確認すると，緑色の地域ではどこでも稲作が盛んだと錯覚する生徒が出てくるため，凡例の確認を怠らないようにしなければなりません。

クリアホルダをかぶせて作業する

　地名を探したり，地域のつながりを読み取ったりという使い方だけではなく，地図帳で作業することも大切です。しかし，直接書き込ませるには抵抗があるという場合には，透明なクリアホルダをかぶせてその上から書き込みをさせるとよいでしょう。水拭きで消すことができる８色ペンだと，クリアホルダを提出させて，作業を評価し，再度利用できます。

　地図帳に掲載されている地図は，授業で手軽に閲覧させることができて便利です。しかし，ひと工夫すれば生徒が普段見たことのない地図に変わります。

　例えば，沖縄県の地図は，地図帳にも比較的大きな縮尺で掲載されています。沖縄県はご存知の通り日本国内にある米軍基地の約４分の３が集中しています。そこで，沖縄の地図の中から米軍の軍事施設を除いた地図を作成してみましょう。地図帳の当該ページをクリアファイルではさみ，上から水拭きで消えるペンでなぞれば，沖縄本島から米軍軍事施設が除かれた地図ができあがります。これを生徒に見せて，どこかを聞いてみましょう。地図は少し加工するだけで，問いに繋がります。

見るから読むへ

　第１段階としては，地図帳を毎時間使うようにします。必ず地名などを地図帳で確認させたり，その地名の周りにどのような地名が見られるか確認させたりします。そして，地図帳は見るだけではなく，読むものにしたいです。例えば，インドがアメリカから見るとちょうど昼夜が逆になるなどです。

効果的な教材研究の視点と方法

GIS（地理情報システム）の使い方

地理院地図を使おう

　生徒は，日常の生活の中でスマートフォンなどを使って Google map や Google earth を見ています。これらは優れた GIS（地理情報システム）です。国土地理院では，「地理院地図」という誰でもが簡単にアクセスして利活用できる場所や位置に関する情報が提供されています。インターネット環境に接続していれば，全国の地形図などが読めるようになっています。また，必要なところが印刷できるようにもなっています。まずはご自身のスマートフォンや PC でアクセスしてみてください。

　地理院地図のページでは，いくつかの種類のベースマップの上に，様々な主題図を重ね合わせて読むことができます。例えば，学校周辺の土地条件図を見ようと思えば，地理院地図の主題図から選択可能です。また，都市圏活断層図，指定避難場所など，災害に関係する学習をする際にも効果的な主題図が，ベースマップとなる地形図などに重ね合わせて閲覧できます。

MANDARA を使おう

　「地理情報分析支援システム MANDARA」（http://ktgis.net/mandara/）は，埼玉大学の谷謙二先生が開発された，無料で使える GIS ソフトです。谷先生の研究室のホームページからダウンロードして Windows PC で使うことができます。また，サンプルデータが提供されていたり，解説本も出版されているため，最も手軽に使える GIS ソフトでしょう。

　MANDARA は，簡単にいうと，エクセルなどの表計算ソフトで作成した地域統計データから，主題図が作成できる GIS ソフトです。主題図を重ね

Chapter3 これだけは知っておきたい！地理授業づくりの基礎・基本

合わせたり，作成した主題図をGoogle earthに貼りつけたり，背景に地理院地図を入れたりすることもできます。

新旧地形図を比較させよう

　紹介した地理院地図でも過去の空中写真が閲覧できるようになっています。都市圏を中心に旧版地形図と現在の地図（Google mapや地理院地図など様々なものが選べます）を対比して見ることができるのが，同じく谷謙二先生が開発された「今昔マップon the web」（http://ktgis.net/kjmapw/）です。地域の過去の様子，変化を見るために活用できる場面がたくさんあります。特に，現在の地形図と過去の地形図を対比して見ることができ，さらに地域の変化を読み解いていくのにとても便利です。

　下の図は，今昔マップで兵庫県西宮市にある阪神甲子園球場周辺を比較したものです。球場は武庫川支流の枝川と申川分岐点に建設されています。この地に建設されたこともあり，甲子園球場でグラウンドにまかれる水は全て地下水です。旧河道の上に建設されたため，地下水が得やすいのです。100年近く前からの地域の変化を読むのは楽しいですね。

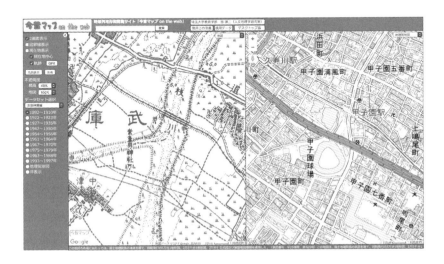

効果的な教材研究の視点と方法

フィールドワークで気をつけておくこと

フィールドワークとは，そしてそのタイプは……

　フィールドワーク（以下FW）は，生徒が地図を見ながら実際に地域を歩く，地理学習における数少ない直接体験です。生徒が今まで何気なく見ていた景色が，FWを行うことによって地理的な認識に変わり，知識として定着します。それによって生徒が調査地域に対して愛着をもつことができるのです。それだけでなく，地理的技能の育成という視点からも教育効果の高い活動です。加えて地理学習のプロセスとしては，価値判断・意志決定・社会参画と，今まで日本の地理教育ではあまり行われてこなかった態度育成を図るためにも重要な学習です。

　現在行われているFWは，大きく課題発見型と仮説検証型に分けられます。課題発見型は，最初にFWで調査地域の観察を行い，自分の作成した資料にもとづいて地域の課題を発見し学習テーマを設定します。そしてさらに資料を収集し考察します。仮説検証型は，最初に様々な資料をもとに地域の課題に対して仮説を立て学習テーマを設定します。FWはそれを検証するために行われます。

　最近では地理オリンピック型のFWも実践されはじめました。これは国際地理オリンピック大会のFWテストの方法に準じて行うものです。生徒は教師が設定した学習テーマにもとづきFWを行います。その後，テーマに合った凡例を自分で作成し，地図を完成させます。その地図をもとに地域の課題を見出し，資料を集めてその解決策を考察します。この方法は地図を作成する技能と，地域の将来像を考察する意志決定能力を育成します。

フィールドワークを行うために

　地理学習として重要なFWですが，あまり実践されていないようです。それではどのようにすれば手軽にFWができるのでしょうか。

　松岡（2010）が提唱している「1単位時間での巡検」がおすすめです。1時間の授業で行うことができる範囲は学校から半径500m，コースの全長は1kmが目安です。コースの途中に施設の見学やインタビューを受けてくださる方がいたらなおよしです。また，地形的に特徴のある場所があれば積極的に取り入れてください。なぜなら，地理は自然と人間の相互作用を学習する分野なので，自然地形をFWに取り入れることはとても重要です。

　コースを作成する際に一番に考えなければいけないことは，安全の確保です。コース上の危険箇所を入念に確認する必要があります。また，コース付近の地域の方に見守りをお願いするのも1つの方法です。

　ベースマップの準備は必須です。今までは2500分の1の国土基本図を使っていました。しかし，今では国土地理院の「地理院地図」から入手できます。「地理院地図」は縮尺が自在に変更でき，印刷も簡単です。これを使えば学校を中心にした地図があっという間にできあがります。

　FWの事前授業では，問いの形式にした調査テーマ，そして，何をどのような方法で調査や観察すればよいのかをあらかじめ生徒に伝えておくと充実したものになります。また，役割を分担したグループ活動で調査をさせると「主体的・対話的な深い学び」につながります。

　調査の後は地図作成の活動に取り組みましょう。調査の結果をもとに土地利用図を作成すると地域の様子がよくわかり，地域の課題が明らかになります。また，作成を通じて生徒の地図作成の技能も向上します。

　以上の点を踏まえ，積極的にフィールドワークに出てみましょう。

【参考文献】
○松岡路秀（2010）「地理教育巡検における巡検学習論の構築とワンポイント巡検の提唱」『地理教育研究7』pp.1-7.

学習指導案の書き方

目標記述には指導案の善し悪しが表れる

本時の目標記述がポイント

　学習指導案は，教員なら誰もが書けないといけない専門的書類です。医師がカルテを書くように，一定の書き方があります。一方，書き方は学校によってバリエーションがあります。全国の先生が毎年たくさんの学習指導案を書いているのに，本時の目標は不明瞭なものが多いです。本時の目標は，まさに本時のゴールラインをイメージできるものでなければなりません。

ゴールイメージをはっきりさせる

　次の2つの目標を比較してみましょう。

---

① 京都市で歴史的景観が保護されている理由を理解している。
② 歴史的景観が残っている京都市では，観光がさかん（平成28年の観光客数約5,522万人，京都市産業観光局のデータによる）で，様々な産業が観光により利益を得ているため，観光資源である歴史的景観が保護されていることを理解している。

　この目標が設定された授業では，実質的に「なぜ京都市では歴史的景観が保護されているのか」という学習課題が設定されて授業が展開されることが想像できます。もちろん授業では，地域で実際に見られる社会的事象を題材として，それを地理的に見るため，「看板は目立たなければならないはずなのに，なぜ京都市内の看板は目立たないように工夫されているのか」というような学習課題が設定されるのが普通です。

このような学習課題を生徒が解くのですから，①も②も生徒が主体になっています。目標は，生徒が何をわかるようになるのか，何ができるようになるのかを示したものですから，主体を生徒にして書くのがよいでしょう。この点は両者共に評価できます。では，①と②の違いは何でしょうか。

学習課題に対する模範解答を

　①の目標は，問いを繰り返したにすぎません。理由を理解することがゴールであることはイメージできますが，ゴールのラインが示されたわけではないのです。ゴールはそちらの方向にあるという向きが示されただけです。

　それに対して②は，学習課題の答えを書き込んでいます。つまり，ゴールのラインが示されているわけです。京都では歴史的景観が残っている。歴史的景観は観光資源だ。様々な産業が観光から利益を得ているため，今後も観光資源である景観を保護しなければならない。これらの情報を生徒が原因と結果の関係として結びつけられているかどうかがゴールになることが示されています。

　参観者は，目標に示されたゴールのラインに生徒が届いているのかどうかを見取ればよいのです。わかりやすいですね。これは授業者自身がゴールを明確にイメージできているのかを判断する基準にもなります。授業の終わりに生徒が本時の学習内容がわかっているかどうかを見取るためにも，学習課題に対する模範解答を本時の目標として設定しましょう。テスト問題として，本時の学習課題を出題したときの模範解答を整理しておけば，評価がぶれることもありません。

「適切」と「具体的」は使わない

　本時の目標によく用いられる言葉に，「適切」と「具体的」があります。「適切に理解させる」とか，「具体的に指摘できる」という具合いです。適切の中味や具体は述べられないのです。どちらも曖昧なマジック・ワードですね。

学習指導案の書き方

授業仮説を立て，目標達成のための手立てを書く

授業研究とは

　研究授業とは，授業実践上の何らかの課題を克服したり，生徒の能力をさらに伸ばしたりするために行った工夫を含む授業のことです。通常研究授業のあとには，授業での工夫が効果を発揮したのかどうかを見極め，効果や課題についての議論を行います。研究協議などといわれます。課題の発見，教材研究，研究授業，そして研究協議，それを受けた授業改善を授業研究の1サイクルと考えてよいでしょう。

授業仮説とは

　授業実践上の課題には様々なものがあります。例えば，日本の農業の特色を捉える学習では，教科書に農産物の主産地，経営規模，稲作農家の兼業化と大規模経営，野菜栽培における近郊農業や出荷時期の工夫（促成栽培，抑制栽培），果樹栽培における傾斜地の利用，農業が抱える問題点としての貿易自由化，食糧自給率の低下についての記述があります。

　ここから，日本の農業は全体として貿易自由化などにより食糧自給率が大幅に低下している。一方で，農家は経営規模がアメリカ合衆国など企業的な農業を行っている国に比べると小さいが，集約的な農業を行ったり，出荷時期を調整したりして工夫することや，ブランド化して生き残る，という特徴を見出します。しかし，日本の農業がなぜこのような特徴をもつようになったのかが見えてきません。そこで，グローバル化に対してローカルスケールの地域がどのような対抗策をとってきたのかという視点を組み込む学習内容改善のための手立てが考えられます。

Chapter3 これだけは知っておきたい！地理授業づくりの基礎・基本

また，私たちの住む市ではどのような食糧生産を行えばよいのかを考えるときに，多角的な視点（様々な立場）から考えようとしても，生徒がもっている知識が同じようなものだと新しいアイデアが出ないという課題もよく発生します。それに対して，知識構成型ジグソー学習という学習方法改善のための手立てが考えられます。

学習場面，手立て，理想の姿

> 日本の農業の特徴を整理する際に，グローバル化とそれに対抗するローカル化という視点を組み込めば，日本の農家が行っている生産の工夫について理解できるだろう。
>
> わがまちの食糧生産のあり方を議論する前に，生徒に複線型課題を与えてそれぞれが異なる知識をもつようにしておけば，多角的な視点から解決策を議論できるだろう。

これをモデル化すると，次のようになります。

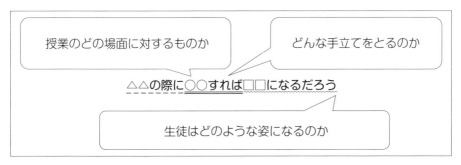

授業仮説には，学習場面，課題を克服するための手立て，そして，その手立てにより変化した生徒の姿を書きます。授業仮説は，目標を達成するための手立てです。授業仮説により，仮説検証型の授業研究が可能になります。そして，授業仮説には「授業の見どころ」を示す役割もあるのです。

Chapter 4

指導の手立てがよくわかる！
地理授業の実践モデル

1 世界の宗教の学習をどう行うか
異なる文化を理解し，文化多元主義的な振る舞いについて考える

この単元のポイント

　この単元は１年生の最初に学習され，習得－活用－探究の中では主に習得の段階に当たります。世界各地の人々の生活の様子や環境の多様性を自然や社会条件と関連させて考察し，人々の生活の多様性を理解させることが学習の目的です。学習内容に関しては，主な宗教の分布についても理解することが，平成29年版学習指導要領にも記されました。

　指導する際に大切なことは，生徒が自分と異なる宗教に対して理解し尊重する態度を身につけることです。しかし，昨今の社会情勢やその報道のあり方を見ていると，特定の宗教，あるいは宗教自体にステレオタイプ的な偏見をもって中学校に入学する生徒もいることでしょう。だからこそ，この単元を通じて宗教について正しく理解し，偏見を早い時期に取り除くことが必要となるのです。

　また，宗教の学習で気をつけることは，それぞれの宗教にはきまりがあり，同じ宗教でも生活様式には多様性があるということです。宗派が違えばその生活の様子は違いますし，国が違えばきまりの厳しさも違うでしょう。同じ宗教を信じていても，その様子は生活している地域や個人によって様々であることも指導しましょう。

単元目標

　世界的な宗教の分布と特色を理解し，宗教が世界の人々の社会や生活とどのように関係しているのかを考察し，異なる宗教を信じる人に対する文化多

元主義的な振る舞いを考えている。

単元指導計画

段階	学習内容	配当時数
第1次 学習課題発見	・異なる宗教を信じる人が転校してきたら……	0.5
第2次 特色調査 シェアリング	・世界の宗教の分布 ・人々の生活と宗教とのかかわり ・調べたことのシェアリング	2
第3次 知識の活用	・文化多元主義的な振る舞い	0.5

　第1次では，自分と異なる宗教を信じている生徒と同じ教室で生活する状況を想定します。外国籍の生徒が在籍する学校では当たり前の状況であり，今後それは増えていくことが予想されるので，異なる宗教を信じる人が転校してきたら，という学習課題を設定しました。

　第2次で重要なことは，世界の主な宗教の分布について理解することです。主題図の読み取りは，地理を学習するうえでは身につけなければならない重要な技能です。また，世界地図を通じた分布の理解は，これから始まる世界の諸地域学習の基礎的な知識となります。そして，個人が調べた内容をグループで発表し，情報をシェアリング（共有）します。

　第3次では，異なる宗教の比較を通じて生徒に多様な生活様式が存在することや，異なる文化を尊重し自文化を客観的に分析する視点を身につけさせます。指導に当たっては，歴史的分野の学習と関連させることが重要です。歴史的分野でそれぞれの宗教の成り立ちについて先に学習しておくと，地理の学習がスムーズに展開します。

単元を貫く学習課題と問いの構造図

単元を貫く学習課題
なぜ，宗教によって人々の生活様式が異なっているのでしょうか。

問いの構造図

説明的知識に対応する問い	分析的知識に対応する問い	記述的知識に対応する問い

A：なぜ，宗教によって人々の生活様式が異なっているのか。
- A-1：世界の宗教はどのように分布しているのか。
  - A-1-1：どこにどんな宗教の人が多いのか。
  - A-1-2：イスラム教の人たちはどこに多いのか。
- A-2：宗教は人々のくらしにどのようにかかわっているのか。
  - A-2-1：衣食住を中心とした宗教のきまりには何があるのか。
  - A-2-2：祈りや祭り，年中行事には何があるのか。

展開

第1次・第2次

第1時の目標：世界の宗教について各宗教の人口比率を把握し，その分布について理解している。

授業仮説：世界の宗教別信仰者の割合と絶対数を組み合わせた分布図を読み取れば，世界のどこでどんな宗教が信じられているかを理解することができるだろう。

第2時の目標：世界の宗教について資料をもとに調べ，生活とのかかわりについて理解している。

授業仮説：世界の宗教について，衣食住のきまりや祭り，年中行事について調べることができれば，宗教と人々の生活の関係を理解できるだろう。

Chapter4　指導の手立てがよくわかる！地理授業の実践モデル

第3次

第3時の目標：世界の宗教について調べた内容を共有し，自分が信じている宗教と調べた宗教を相対化し，異なる宗教の人々との望ましい振る舞いを考えている。

授業仮説：他者の発表を聞き情報を共有することができれば，自分が調べた内容を相対化することができるだろう。

時	学習活動	主な問い・指示	生徒の反応
〈第1次〉第1時	学習課題の把握	もし，あなたの信じる宗教と違う宗教を信じている転校生が来たら，どのように振る舞えばよいだろうか。 宗教についてどんなことを知れば転校生のことを理解できるだろうか。 A：なぜ，宗教によって人々の生活様式が異なっているのだろうか。	・その転校生はどんな宗教を信じているのだろうか。 ・世界にはどんな宗教があるか。 ・どのくらいの人がそれぞれの宗教を信じているか。 ・それぞれの宗教を信じている人は，世界のどこに暮らしているか。 ・それぞれの宗教を信じている人は，暮らしの中で宗教とどのようにかかわっているのか。
〈第2次〉第1時	世界の宗教分布について調べる。	A-1：世界の宗教はどのように分布しているのか。 A-1-1：どこにどんな宗教の人たちが多いのか。 A-1-2：イスラム教の人たちはどこに多いのか。 どのように人々の生活と宗教のかかわりを調べたらよいだろうか。 【資料1，2，3】	・キリスト教やイスラム教を信じている人が多い。 ・欧州ではキリスト教，中東ではイスラム教を信じている人が多い。 ・信仰している比率は中東諸国が高く，絶対数ではインドネシアやインドなどが多い。 ・図書室の資料やインターネットの情報を活用すればよいのではないか。
第2時	事例となる国の宗教と人々の生活のかかわりに	例：1班4人 分担：①キリスト教②イスラム教③仏教④ヒ	・グループ内で分担を決め，調べ学習を行う。 事例国（例）

	ついて班で調べる。	ンドゥー教を調べよう。 事例国：調べる宗教を信じている人数や割合が多い事例国を決めよう。 各宗教の内容を調べるよりも，事例となる国の生活の中の宗教を調べ，宗教とのかかわりを明らかにしよう。 【資料4】	キリスト教：フィリピン イスラム教：マレーシア ヒンドゥー教：インド 仏教：タイ ・調べる事柄 ①その国の宗教分布（他の宗教との割合） ②宗教のきまり ③衣食住や生活習慣と宗教のかかわり（A-2-1：衣食住を中心とした宗教のきまりには何があるか） ④祭りや年中行事（A-2-2：祈りや祭り，年中行事には何があるか）
		班で各宗教の中で宗派の違う国や戒律の厳しさの違う国を調べるのも宗教の多様性を知るうえでは興味深い。	・イスラム教では戒律の厳しいサウジアラビアや，宗派の違うイランの様子を調べさせ，イスラム教徒やその地域の生活の様子の多様性，きまりの違いを認識させる。
第3時	調べたことを発表する。 世界の宗教の共通点を考える。	調べたことを発表しよう。 A-2：宗教は人々のくらしにどのようにかかわっているか。それぞれの宗教を調べてみて，共通点は何だろうか。	・他の人の発表を，メモをとりながら聞き，お互いの情報が共有することを確認する。 ・どの宗教もその国の衣食住や生活習慣，行事・祭りと深く結びついている。 ・どの宗教もその国の人々の生き方に大きな影響を与えている。
〈第3次〉 第3時	宗教について文化多元主義的な振る舞いを考える。	もし，あなたの信じている宗教と違う宗教を信じている転校生が来たら，どのように振る舞えばよいだろうか。	・転校生が信じている宗教について知り，その宗教や生活習慣を尊重する。 ・自分が信じている宗教を調べ，転校生の宗教と比べてみる。

資料1：世界の宗教別人口の割合（谷内達ほか（2016）『社会科　中学生の地理』帝国書院，p.31⑦）
資料2：世界の宗教分布（矢ヶ崎典隆ほか（2016）『新編　新しい社会　地理』東京書籍，p.39⑤）
資料3：イスラム教徒の多い国（金坂清則ほか（2016）『中学校社会科地図』帝国書院，p.41②）
資料4：野田一郎監修（1955）『世界各地のくらし』シリーズ，ポプラ社

評価

　この単元では，ワークシートを活用します。ワークシートには，世界の宗教の分布や調べた内容を文章で記述するスペースを設けます（60ページ参照）。最後に「もし，あなたの信じる宗教と違う宗教を信じている転校生が来たらどのように振る舞えばよいか」という学習課題に対して自由に書き込めるスペースを作り，その文章から生徒が宗教に関して学習したことが活用されているかを見取ります。

　その際，転校生が信じている宗教やその生活習慣を踏まえているか，自分が信じている宗教と比較しているか，自分と異なる宗教やその生活習慣を尊重する文化多元主義的な振る舞いになっているか，を規準とします。

　「書く」ことは，生徒の言語力育成のためには大切な活動であり，授業の中で定期的に組み込んでいきたいものです。

2 アジアの学習をどう行うか
単元を貫く学習課題を設定する場面を中心にして

この単元のポイント

　「世界の諸地域」の学習では，アジア，ヨーロッパ，アフリカ，北アメリカ，南アメリカ，オセアニアの6州について，世界各地で顕在化している地球的課題の地域性や各地域の地域的特色を理解させることが主なねらいです。

　その際，単に各州の地域的特色を網羅的な知識として身につけさせるのではなく，各州に暮らす人々の生活の様子を的確に把握できる地理的な事象を取り上げ，自然，産業，生活・文化，歴史的背景などについて概観し，その結果として基礎的・基本的な知識を身につけさせることや，概略的な世界像を形成するように学習内容を構成することが，平成29年版学習指導要領に示されています。

　上記の内容を踏まえ，本単元では，アジアの人口動態や経済状況，宗教事情などを地域の人々の生活と関連づけ，多面的・多角的に考察することを通して，アジア全体に関わる一般的課題とアジアの諸地域で見られる地域特有の課題を捉えさせる単元構成としました。

単元目標

　アジアは，食料生産に適した環境や就業機会の確保，また，近年の急速な工業化，度重なる勢力の分断と支配の時代が続いたことにより，世界の他地域と比べて人口，産業，宗教などに違いが見られることを理解している。

単元指導計画

段階	学習内容	配当時数
第1次 事実分析と問題設定	・アジアと世界の諸地域の比較	1
第2次 アジアの地域的特色とその背景	・人口集中地域としてのアジア ・急速な経済成長地域としてのアジア ・多様な宗教信仰地域としてのアジア	4
第3次 獲得した知識の活用	・アジアに関する発展問題の探究	2

　本単元では，統計資料の比較により浮かび上がるアジアの地域的特色が生じる理由を探究させることで，ねらいが達成できると考えました。
　第1次では，世界の他地域とアジアの国々との比較によりアジアの地域的特色を把握し，単元を貫く学習課題を設定します。
　第2次では，単元を貫く学習課題をブレイクダウンした問いについて，自然環境や経済的視点から多面的・多角的に探究させる展開としました。
　第3次では，これまでの学習で獲得した知識を活用して，アジア州の地域的特色について理解を深める展開としました。例えば，「なぜ，日本のパソコン生産台数は年々減少したのか」「なぜ，インドの国際電話通信料は米国に次いで世界第2位なのか」「なぜ，フィリピンでは，インドより人々が信仰する宗教に多様性が見られるのか」などの問題があげられます。

単元を貫く学習課題と問いの構造図

単元を貫く学習課題

　アジア州とはどのような地域なのだろうか。

問いの構造図

説明的知識に 対応する問い	下位の説明的知識に 対応する問い	分析的知識に 対応する問い
A:なぜ,他地域に比べてアジア(特に中国やインド)には人口が集中しているのか。	A-1:なぜ,インドの国土面積は中国の1/3程度なのに,中国に次ぐ食料生産ができるのか。	A-1-1:中国やインドではどのような作物を栽培しているのか。 A-1-2:中国やインドにはどのような地理的特色があるのか。
	A-2:なぜ,中国やインドでは食料ではない綿花も大量に生産しているのか。	A-2-1:綿花を大量に生産することによってもたらされる利点とはどのようなものなのか。
B:なぜ,中国は米国に次いでGDP(世界第2位)が高いのか。	B-1:なぜ,中国では自動車(世界シェア約30%)やパソコンの生産(世界シェア約98%)が盛んなのか。	B-1-1:中国における産業の内訳と主な産業の割合はどのようになっているのか。
C:なぜ,アジアでは様々な宗教を信仰している国が多いのか。	C-1:なぜ,インドでは信仰する宗教に多様性が見られるのか。	C-1-1:インドでは,どのような宗教が信仰されているのか。 C-1-2:それぞれの宗教はどのような特徴をもっているのか。

展開

第1次

第1時の目標:統計資料をもとに世界の他地域とアジアの国々の事実を比較することを通して,地域的特色を読み取り,読み取った事実をもとに単元を貫く学習課題を立てている。

授業仮説:統計資料をもとに他地域とアジアを比較する学習活動を展開すれば,読み取った事実をもとに世界の中におけるアジアの地域的特色についての学習課題を立てることができるだろう。

時	学習活動	主な問い・指示	生徒の反応
〈第1次〉第1時	アジア州の特色を読み取る。	他地域の国々と比べて，アジアの国々にはどのような特色が見られるのか。 教科書の統計資料をもとに，アジアの国々の特色を読み取りなさい。【資料1】	・アジアには世界の6割の人口が集まっている。中国やインドには10億人以上の人々が暮らしている。 ・他地域では，概ね第三次産業の割合が高いのに，アジアでは国によって主要産業の割合が大きく異なる。 ・アジアの中で国内総生産（GDP）は，日本と中国が高い。その中でも中国はアメリカに次いで世界第2位である。 ・他地域の国々に比べ，石油や石油製品などを日本に輸出している国が多い。 ・他地域では，主にキリスト教を信仰している国が多いのに，アジアでは，キリスト教の他に仏教や儒教，イスラム教，ヒンドゥー教など様々な宗教を信仰している国が多い。
	単元を貫く学習課題を把握する。 読み取った情報から探究したい問いをつくる。	単元を貫く学習課題：アジア州とはどのような地域なのだろうか。 読み取った情報をもとに問いをつくりなさい。	A：なぜ，他地域に比べてアジア（特に中国やインド）には人口が集中しているのか。 B：なぜ，中国は米国に次いでGDP（世界第2位）が高いのか。 C：なぜ，他地域に比べてアジアでは様々な宗教を信仰している国が多いのか。

資料1：矢ヶ﨑典隆ほか（2016）『新編 新しい社会 地理』東京書籍，pp.284-285.

第2次

第2・3時の目標：他地域に比べてアジア（特に中国やインド）に人口が集中しているのは，平坦で国土面積が広く，農作物の生育に適した環境（気温・降水量）であること，さらに就業者を支える産業（綿花生産・綿織物

業など）が盛んに行われているからであるということを理解している。

授業仮説：中国やインドにおいて穀物生産が盛んな理由を自然環境や産業との関連で捉えさせる学習を展開すれば，他地域に比べてアジア（特に中国やインド）には人口が集中している理由を理解できるだろう。

第4時の目標：中国が米国に次いでGDP（世界第2位）が高いのは，諸外国の企業が生産コストを削減するために，安価で豊富な労働力を求めて中国に工場を設置したからであることを理解している。

授業仮説：自動車産業やパソコン産業を事例に，中国での生産が盛んな理由を生産工程や労働賃金に着目して捉えさせる学習を展開すれば，中国は米国に次いでGDP（世界第2位）が高い理由を理解できるだろう。

第5時の目標：他地域に比べてアジアで様々な宗教を信仰している国が多いのは，勢力の分立や他国による支配の結果であることを理解している。

授業仮説：インドの宗教事情を歴史的に捉えさせる学習を行えば，他地域に比べアジアで様々な宗教を信仰している国が多い理由を理解できるだろう。

時	学習活動	主な問い・指示	生徒の反応
〈第2次〉第2時・第3時	学習課題の把握，及び予想・仮説の設定	A：なぜ，他地域に比べてアジア（特に中国やインド）には人口が集中しているのか。	・穀物の生育に適した環境（気候）が整っているから。 ・大勢の人々が暮らすことができるだけの広い国土面積があるから。
	上位国を列挙する。	A-1-1：中国やインドでは主にどのような作物を生産しているのか。【資料2】	・稲作 ・小麦 ・綿花　など
	中国とインドの特色を読み取る。	A-1-2：中国やインドにはどのような地理的特色があるのだろうか。【資料3】（国土面積，降水量，気温）をもとに読み取りなさい。	・両国とも降水量が多い地域にある。また，平坦で国土面積が広い（中国…約959万 km²，インド…約328万 km²）。
	問いに対して予想を立て，教科書をもとに調べる。	A-1：なぜ，インドの国土面積は中国の1/3程度なのに，中国に次ぐ食料生産ができるの	・インドの国土面積が中国の1/3程度なのに，中国に次ぐ食料生産ができるのは，中国よりも低緯度にあって気温にも恵まれ，季節風（モンスー

Chapter4 指導の手立てがよくわかる！地理授業の実践モデル

	中国とインドで綿花の栽培が盛んな理由を調べる。	だろうか。 A-2：なぜ，中国やインドでは食料ではない綿花も大量に生産しているのか。綿花生産の上位国の「国民１人当たりのGDP」をもとに考えてみよう。 【資料４，５】	ン）による降水が多いからである。 ・中国やインドは，国民１人当たりのGDPが低い。 ・綿花を栽培することで，生産も含めて雇用を確保することができる。
	中国の主要産業の実態を把握する。	A-2-1：綿花を大量に生産することによってもたらされる利点とはどのようなものか。 【資料６】	・綿花を大量に生産することによって，生産も含めて労働力が必要となり，低賃金で就業者を雇うことができる。綿花を大量に生産することは，就業機会を保証し，その結果，綿織物工業が発達することで人口増加を支えることができる。
第４時	中国で自動車やパソコン生産が盛んな理由を調べる。	B：なぜ，中国は米国に次いでGDP（世界第２位）が高いのだろうか。 B-1-1：中国における産業の内訳と主な産業の割合はどのようになっているのか。 【資料７，８，９】 B-1：なぜ，中国では自動車（世界シェア約30％）やパソコンの生産（世界シェア約98％）が盛んなのか。 それぞれの場所を地図帳で調べてみよう。	・農業生産高及び工業生産高ともに世界第１位（2016年）。 ・第二次産業に関しては，ノートパソコン（約1.5億台）と自動車（約2.5億台）の生産台数がともに世界第１位である（2016年）。 ・中国で自動車やパソコンの生産が盛んなのは，経済の自由化を背景に，外国の企業を積極的に受け入れたことや安価で豊富な労働力を得ることができるからである。中国では主に部品を集めて製品にする最終工程の工場が多い。ここでは労働集約的な側面が強く，高度な専門的知識を必要としないため，コストを抑えて量産することができる中国が選ばれた。 自動車大手の中国生産（2016年） トヨタ　５工場　107万3000台 　　長春，天津２，成都，広州

93

			日産　　4工場　132万0687台 　　大連，鄭州，襄陽，広州 ホンダ　6工場　120万9400台 　　武漢2，広州4 （時事ドットコムニュースの記事による）
第5時	学習課題の把握，及び予想・仮説の設定	C：なぜ，他地域に比べてアジアでは，様々な宗教を信仰している国が多いのか。	・省略
	インドの宗教について調べる。	C-1-1：インドでは，どのような宗教が信仰されているのか。 【資料10】	・ヒンドゥー教…72％，イスラム教…12％，キリスト教…7％，シーク教…2％，仏教…1％，その他6％。（2005年）
	インドで信仰されている宗教の特色を調べる。	C-1-2：それぞれの宗教はどのような特色をもっているのか。 【資料11】	・省略
	インドの宗教の多様性について調べる。	C-1：なぜ，インドでは信仰する宗教に多様性が見られるのか。 【資料12】	・インドでは，紀元前3世紀以降，小勢力分立の時代からイスラム系のムガール帝国，英国による支配という時代が続いた結果，地域によって信仰する宗教に多様性が見られるようになった。

資料2：全国地理教育研究会監修（2017）『今がわかる時代がわかる　世界地図　2017年版』成美堂出版，pp.126-127．
資料3：矢ヶ﨑典隆ほか（2016）『新編　新しい社会　地理』東京書籍，p.46．
資料4：FAO　〈URL〉http://www.fao.org/statistics/en/
資料5：IMF　〈URL〉http://www.imf.org/external/ns/cs.aspx?id=28
資料6：前掲資料2，pp.82-85．
資料7：亀田純香（2017）『90分でまるわかり　中国』朝日新聞出版，pp.42-47．
資料8：日本貿易振興機構　〈URL〉https：//www.jetro.go.jp/
資料9：JIJI.COM　〈URL〉https://www.jiji.com/jc/article?k=2017061201052&g=eco
資料10：帝国書院編集部（2016）『図説地理資料　世界の諸地域NOW 2010』帝国書院，p.81．
資料11：井上順孝（2011）『宗教　最新版』ナツメ社，pp.136-151．
資料12：井上順孝（2013）『要点解説　90分でわかる！ビジネスマンのための「世界の宗教」超入門』東洋経済新報社，pp.164-168．

Chapter4　指導の手立てがよくわかる！地理授業の実践モデル

第3次

第6・7時の目標：獲得した知識を活用して，アジアの地域的特色に関する社会的事象について説明している。

授業仮説：第2次までに学習した内容をもとに，発展的な問題に取り組ませれば，獲得した知識を活用して，アジアの地域的特色に関する社会的事象について説明することができるだろう。

時	学習活動	主な問い・指示	生徒の反応
〈第3次〉第6時・第7時	発展問題A～Cについて予想・仮説を立て，グループで協力して調査する。	発展問題A：なぜ，日本のパソコン生産台数は年々減少したのか。 発展問題B：なぜ，インドの国際電話通信料は米国に次いで世界第2位なのか。 発展問題C：なぜ，フィリピンでは，インドより人々が信仰する宗教に多様性が見られるのか。	・日本で生産するより，労働賃金の安い中国やインドで生産したほうが利益を上げることができるからではないか。 ・英語が共通語として話されていて，安価で豊富な労働力を必要とする24時間体制のコールセンター業に適しているからではないか。 ・インドと同じように他国による占領や過去の国家の分断・統合などがあったからではないか。
	発表する。	調査内容を発表しよう。	・省略

評　価

　本単元では，人口集中地域としてのアジア，急速な経済成長地域としてのアジア，多様な宗教信仰地域としてのアジアの3つの事実に着目して単元を構想しました。評価は，授業で獲得してきた知識を活用して関連する事象を説明できるかを問うてはどうでしょうか。例えば，第3次で提示したような「なぜ，日本のパソコン生産台数は年々減少したのか」，「なぜ，インドの国際電話通信料は米国に次いで世界第2位なのか」，「なぜ，フィリピンでは，インドより人々が信仰する宗教に多様性が見られるのか」などが考えられます。

3 ヨーロッパの学習をどう行うか
地域の変化を捉える場面を中心にして

この単元のポイント

　この単元では,「多様性の中の統合」というEUの標語を主題として設定します。比較的規模の小さな国家が集まるヨーロッパ州においては, EUという国家を超えた組織があり, その組織が州の中でどのような役割を果たしているかを知識として獲得します。また, 組織の発展に伴い, 本来国家が持つべき権限をEUに委譲することによって, 国家という形がどのように変化するのかということも学習します。学習課題として, 英国の国民投票によるEU離脱（2016年）の問題を扱います。国家を超えてEUとして統合することと国民のアイデンティティに関する問題は, 中学生1年生には難しい学習内容でしょう。しかし, 発達段階的にアイデンティティとパーソナリティについて考えるこの時期だからこそ扱うべき内容なのかもしれません。

単元目標

　ヨーロッパでは, 国家を超えたEUという組織のもとで, ヒトやモノ, カネが自由に行き来し, 人々の生活が加盟前後で変化したことを理解している。また, 言語や文化が違う国が1つにまとまる難しさを理解している。

単元指導計画

段階	学習内容	配当時数
第1次 学習課題把握	・英国のEU離脱問題	0.5
第2次 仮説の根拠となる資料の収集	・ヨーロッパ州の自然環境 ・ヨーロッパ文化の共通性と多様性 ・ヨーロッパ州の農業 ・EUの成立と加盟国の変化 ・EUのしくみと産業の発達 ・EUの課題	4
第3次 未来予測	・英国のEU離脱問題からEUの将来を考える	0.5

　第1次では，2016年に国民投票の結果からEU離脱を表明した英国の問題を取り上げ，学習課題を提示します。

　第2次では，課題を考えるための基礎知識として，ヨーロッパ州の自然，生活・文化，農業について学習し，州内の一般的共通性と地方的特殊性を理解させます。そして，EU発足の理由や共通政策，農業や工業の相互関係について学習し，加盟国の人々の生活や産業がどのように変化したのかを捉えさせます。また，加盟国内の経済格差や権限が国家ではなくEUにあるなど，加盟に関する課題について理解させます。

　第3次では，当初提示した英国の離脱問題に話を戻し，その状況を把握させたうえで，EUの将来について，獲得した知識を活用してグループやクラスで討論する学習を行います。

単元を貫く学習課題と問いの構造図

単元を貫く学習課題

　EU加盟国は様々な違いがあるにもかかわらず，なぜ国を超えてまとまろうとしているのでしょうか。

問いの構造図

説明的知識に対応する問い	下位の説明的知識に対応する問い	分析的知識に対応する問い
A：EUに加盟している国は様々な違いがあるにもかかわらず，なぜ国を超えてまとまろうとしているのか。	A-1：なぜ，英国はEUからの離脱を決めようとしているのか。	
	A-2：なぜ，ヨーロッパは日本より高緯度なのに温暖な気候なのか。	A-2-1：ヨーロッパでは，どこでどのような農業が行われているのか。
	A-3：なぜ，教会が町の中心にあるのか。	A-3-1：キリスト教の宗派と言語の分布にどのような傾向があるのか。
		A-3-2：ヨーロッパ以外のどこからの移民が多いのか。
	A-4：なぜ，ユーロ硬貨は裏だけ違う図柄なのか。	A-4-1：EUはどのような目的で設立されたのか。
		A-4-2：EUの加盟国は，どのように変化してきたのか。
		A-4-3：EUへの加盟で，人々の暮らしはどのように変わったのか。
		A-4-4：EUはどのような取り組みで成り立っているのか。
	A-5：なぜ，分業して生産しているのか。	A-5-1：EU加盟国の野菜自給率はどのようになっているのか。
		A-5-2：EUのどの国が野菜の輸出が多いのか。
		A-5-3：野菜の輸出は域内と域外でどのように違うのか。
		A-5-4：EUではどのように航空機を生産しているのか。
	A-6：なぜ，シェンゲン協定やユーロにも参加していない英国がEUからの離脱を表明したのか。	

展　開

第1次

第1時の目標：英国の EU 離脱問題を事例に，学習課題を把握している。

授業仮説：英国の EU 離脱問題という，最近起こったショッキングな問題を提示すれば，単元を貫く学習課題を把握することができるだろう。

時	学習活動	主な問い・指示	生徒の反応
〈第1次〉第1時	単元を貫く学習課題の提起仮説の設定	新聞記事にどんなことが書いてあるだろう。【資料1】A-1：なぜ，英国はEU からの離脱を決めようとしているのか。EU に加盟している国は様々な違いがあるにもかかわらず，なぜ国を超えてまとまろうとしているのか。	・英国で国民投票の結果，EU からの離脱を賛成する票が反対票を上回った。 ・英国に不利益なことが起きたのではないか。

資料1：英，EU 離脱へ（2016/6/25　毎日新聞電子版）

第2次

第1・2時の目標：

①ヨーロッパの自然環境は，アルプス山脈を境にして南北で異なり，沿岸部では海流と偏西風の影響で高緯度でも温暖であることを理解している。

②ヨーロッパではキリスト教信仰が最も広がっている。一方，地域によって宗派や言語，文字が異なっており，最近では様々な理由でヨーロッパ以外の地域から移住してきた人がいることを理解している。

③ヨーロッパでは，その土地の気候や地形に適した農業が行われていることを理解している。

授業仮説：ヨーロッパの地理的特徴を説明する際，自然環境・言語・宗教・農業などの地図資料を提示すれば，その多様性を理解できるだろう。

時	学習活動	主な問い・指示	生徒の反応
〈第2次〉第1時	仮説の根拠となる資料の収集	自然環境を確認しよう。【資料2】 A-2：なぜ，ヨーロッパは日本より高緯度なのに温暖な気候なのか。【資料3，4】	・フィヨルド，ライン川，アルプス山脈，地中海の位置を確認する。 ・大西洋には北大西洋海流が流れ，その上を偏西風が流れているから。
第2時	仮説の根拠となる資料の収集	A-2-1：ヨーロッパでは，どこでどのような農業が行われているのか。【資料5】 A-3：なぜ，教会が町の中心にあるのか。【資料6】 A-3-1：キリスト教の宗派と言語の分布にどのような傾向があるのか。【資料7，8】 A-3-2：ヨーロッパ以外のどこからの移民が多いのか。【資料9】	・地中海式農業，混合農業，酪農が行われており，その分布は気候と地形が関係している。 ・キリスト教が人々の生活中心であるからなのではないだろうか。 ・カトリックとラテン語系，プロテスタントとゲルマン系，正教徒とスラブ系という傾向がある。 ・トルコ→ドイツ，モロッコ→スペインの移動は，イスラム教徒の多い国からキリスト教徒の多い国への移動。

資料2：ヨーロッパの自然環境（矢ヶ崎典隆ほか（2016）『新編　新しい社会　地図』東京書籍，p.43①）
資料3：ヨーロッパ各地の気温と降水量（矢ヶ崎典隆ほか（2016）『新編　新しい社会　地理』東京書籍，p.62③）
資料4：北大西洋海流と偏西風（同上資料，p.62④）
資料5：ヨーロッパの農業地域（前掲資料2，p.63⑥）
資料6：Google map　ドイツ，ブレーメン中心部
資料7：ヨーロッパの宗教（前掲資料2，p.65⑤）
資料8：ヨーロッパの言語分布（前掲資料2，p.64②）
資料9：ヨーロッパに流入する外国人労働者（前掲資料2，p.65④）

第3時の目標：

① EUがヨーロッパの恒久平和を実現する目的で成立したことを理解し，加盟国が28か国まで拡大した様子を資料から読み取っている。

② EU加盟により国境をパスポートなしで通過したり，共通の通貨で買い物したりするようになるなど，人々の生活が変化したことを理解している。

授業仮説：EU成立について文章資料を読み取ることができれば，その理想と目的について納得をもって理解できるだろう。

時	学習活動	主な問い・指示	生徒の反応
〈第2次〉第3時	仮説の根拠となる資料の収集	A-4：なぜ，ユーロ硬貨は裏だけ違う図柄なのか。【資料10】 A-4-1：EUはどのような目的で設立されたのか。【資料11】 A-4-2：EUの加盟国はどのように変化してきたのか。【資料12】 A-4-3：EUへの加盟で人々の暮らしはどのように変わったのか。【資料13】 A-4-4：EUはどのような取り組みで成り立っているのか。	・表側はユーロ統一の図柄だが，裏側は各国独自の図柄であるのではないか。 ・ヨーロッパの恒久平和の実現と経済的な発展を目指したものである。 ・時代とともに西ヨーロッパから東ヨーロッパに加盟国が拡大し，現在では28か国が加盟している。 ・商品，サービス，資本，労働者が自由に移動できる（4つの自由）。 ・国境通過の自由（シェンゲン協定）と通貨の統合（ユーロの発行）が行われた。

資料10：数種類の裏のデザインが違うユーロ硬貨
資料11：EUの設立動機と歴史的背景（中村民雄（2015）『EUとは何か－国家ではない未来の形－』信山社，pp.8-9）
資料12：EU加盟国の拡大（矢ヶ崎典隆ほか（2016）『新編 新しい社会 地理』東京書籍，p.66④）
資料13：ドイツに住む人がEU加盟国内でできることの例（谷内達ほか（2016）『社会科 中学生の地理』帝国書院，p.57④）

第4・5時の目標：

① EU加盟国が域内での農産物の輸出入を盛んに行うことにより，農業生産の域内分業が進んでいることを理解している。
② EU加盟国が分業と協業を行うことにより，航空機産業においてアメリカに対抗するだけの力がついてきたことを理解している。
③ EUの課題は，域内の経済格差と国家からEUへの権限移譲であることを理解している。

授業仮説：EUの特徴を整理する際に，そのメリットとデメリットという視

点を組み込めば，比較の視点でも物事を考察することができるだろう。

時	学習活動	主な問い・指示	生徒の反応
〈第2次〉第4時	仮説の根拠となる資料の収集	A-5-1：EU加盟国の野菜自給率はどのようになっているのか。【資料14】	・イギリス，ドイツの自給率が100％に達していない。
		A-5-2：EUのどの国が野菜の輸出が多いのか。【資料15】	・スペインとオランダ。
		A-5-3：野菜の輸出は域内と域外でどのように違うのか。【資料16】	・域内貿易が圧倒的に多い。
		A-5-4：EUではどのように航空機を生産しているのか。【資料17】	・4か国が分業して生産し，フランスで組み立てている。
		A-5：なぜ，分業して生産しているのか。ボーイング社とエアバス社の年間納入機を比べよう。【資料18】	・一国では航空機を生産することができないから，協力して生産している。 ・エアバス社がボーイング社に十分対抗できる企業に成長した。
		EU，アメリカ，日本のGDPを比較しよう。【資料19】	・GDPがアメリカと互角であり，EU設立の目的を果たしている。
第5時	仮説の根拠となる資料の収集	EUはどのような課題を抱えているのか。資料をもとに考えよう。【資料20，21，22】	・最低賃金が大幅に違い，新加盟国から原加盟国に多くが移住。ポーランドから英国への移住が顕著。 ・決定の権限が国からEUに移り，様々なことが国で決定できない。

資料14：おもな国のヨーロッパの食糧自給率（谷内達ほか（2016）『社会科　中学生の地理』帝国書院，p.59⑨）

資料15・16：EUの野菜の生産・流通の概況と青果物共通市場制度について（「野菜情報」2006年8月号，農畜産業振興機構）

資料17：エアバス社の国際分業のしくみ（前掲資料14，p.60②）

資料18：受注機数と納入機数（Wikipedia：エアバス）

資料19：EU，アメリカ合衆国，日本の比較（矢ヶ崎典隆ほか（2016）『新編　新しい社会　地理』東京書籍，p.66③）

資料20：EU諸国における1ヶ月あたりの最低賃金の比較（2013年）（前掲資料19，p.61⑥）

資料21：外国人居住者と出身国（矢ヶ﨑典隆ほか（2016）『新編　新しい社会　地図』東京書籍，p.45④）
資料22：丸形マーガリン事件（1982年）（前掲資料11，p.103）

第3次

第5時の目標：英国離脱の問題がEUの課題の延長線上にあることを認識し，今後のEUのあるべき姿を，根拠とともに述べている。

授業仮説：単元の学習内容を総合できれば，英国の離脱問題について理解し，EUの将来について根拠をもって討論することができるだろう。

時	学習活動	主な問い・指示	生徒の反応
〈第3次〉第5時	事実の分析的検討 未来予測 価値判断	A-6：なぜ，シェンゲン協定やユーロにも参加していない英国がEUからの離脱を表明したのか。【資料23】 ☆EUの将来はどうあるべきか，あなたの意見を述べ，討論してみよう。【資料24，25】	・離脱に投票すれば，外国からの移民にストップがかかるから。 ・離脱すれば，自国のことを自分たちだけで決めることができるから。 ・加盟国の通貨統合や域内の自由移動は支持率が高いことを踏まえる。 ・論点は，EUの権限と国家の方針（アイデンティティ）をどのように調整していくかということである。

資料23：アッシュクロフト卿調査（遠藤乾（2016）『欧州複合危機』中公新書，p.99）
資料24：ユーロを持つ通貨統合への支持／不支持（同上資料，p.228）
資料25：EU市民の域内自由移動への支持／不支持（前掲資料23，p.229）

評　価

　この単元では，ヨーロッパの社会的事象を知識として獲得し，それらを総合して地域の特色を獲得します。そのため，定期テストでは，知識が獲得できたかどうかを見取ります。さらに，EUの将来がどうあればよいかに関する討論では，今まで学習した内容と与えられた資料にもとづいて，自分の意見を論理的に発言できたかどうかが評価のポイントです。話し合いの際，ワークシートに意見を書かせる形式をとれば，ワークシートも評価材料となります。

4 北アメリカ州の学習をどう行うか
地域性を見出す場面を中心にして

この単元のポイント

　平成29年版学習指導要領では，北アメリカ州の学習について，「農業地域の分布，産業構造の変化に関わる課題」という主題のもと，「アメリカでは農業地域の分布にどのような特色があるのか」，「なぜアメリカは，世界有数の経済大国となっているのか」という問いを探究する事例が紹介されています。

　本単元では，人種・民族の分布，産業立地（主に農業・工業）に着目し，多面的・多角的に考察することを通してアメリカ合衆国の地域的特色を理解させることを目指す単元構成としました。具体的には，主題図や統計資料から読み取れる事実をもとに，アメリカ合衆国が地域によって人種・民族，産業に様々な違いが見られる理由（背景を含む）を歴史，地理，政治，経済，自然，社会的要因などと関連づけて理解させます。

単元目標

①アメリカ合衆国の人種・民族構成に関する地理的特色を，歴史，地理，政治，経済，自然的要因などと関連づけて理解している。
②アメリカ合衆国の産業（主に農業・工業）の地理的特色を，歴史，地理，政治，経済，自然，社会的要因などと関連づけて理解している。

単元指導計画

段階	学習内容	配当時数
第1次 学習課題発見・仮説の設定	・アメリカ合衆国の概観 ・人種・民族に関する主題図の読み取り ・仮説の設定	1
第2次 アメリカ合衆国の人種・民族	・アメリカ合衆国において地域によって異なる人種・民族が見られる理由	2
第3次 アメリカ合衆国の産業	・産業に関する主題図の読み取り ・仮説の設定 ・アメリカ合衆国において地域によって産業の特色に違いが見られる理由	3

　第1次では，アメリカ合衆国に関するイメージを想起させた後に，人種・民族に関する主題図を提示し，読み取った事実をもとに，「なぜ，アメリカ合衆国では，地域によって異なる人種・民族が見られるのだろうか」という学習課題を発見し，予想・仮説を立てます。

　第2次では，まずアメリカ合衆国の人種・民族構成を事実として把握させた後，ミシシッピ川流域南東部は，人口比70％程度がアフリカ系移民で構成されていること，また，メキシコとの国境周辺の南西部では，人口比で50％程度がヒスパニック系移民で構成されていることに着目させ，なぜ，地域によって傾向が異なるのかを歴史，地理，政治，経済，自然的要因などと関連づけて理解させることを目指します。

　第3次では，「アメリカ合衆国では，人種・民族以外にも地域によって違いが見られるのだろうか」と問い，農業や工業を事例に地域によって異なる産業の特色を理解させることを目指します。具体的には，「なぜ，大豆やトウモロコシは，主に中西部で生産されているのだろうか」，「なぜ，五大湖沿岸では，鉄鋼や自動車，機械などの重工業が盛んだったのだろうか」，「なぜ，近年，太平洋岸のシリコンバレーには，世界的なICT関連企業が集まっているのだろうか」などの問いを，歴史，地理，政治，経済，自然，社会的要因などと関連づけて理解させます。

単元を貫く学習課題と問いの構造図

単元を貫く学習課題

アメリカ合衆国とはどのような国なのだろうか。

問いの構造図

説明的知識に対応する問い	下位の説明的知識に対応する問い	分析的知識に対応する問い
A：なぜ，アメリカ合衆国では地域によって異なる人種・民族が見られるのか。	A-1：なぜ，南東部にはアフリカ系移民の割合が高いのか。	A-1-1：アメリカ合衆国の南東部には，どのような人種・民族の人たちが，どの程度の割合で住んでいるのか。
		A-1-2：アフリカ系移民は，どのような経緯でアメリカ合衆国で暮らすようになったのか。
	A-2：なぜ，南西部にはヒスパニック系移民の割合が高いのか。	A-2-1：アメリカ合衆国の南西部には，どのような人種・民族の人たちが，どの程度の割合で住んでいるのか。
		A-2-2：ヒスパニック系移民は，どのような経緯でアメリカ合衆国で暮らすようになったのか。
B：なぜ，アメリカ合衆国では地域によって産業の特色に違いが見られるのか。	B-1：なぜ，大豆やトウモロコシは主に中西部で生産されているのか。	B-1-1：アメリカ合衆国では，どのような地域でどのような農作物がたくさん生産されているのか。
		B-1-2：大豆やトウモロコシが生産されている地域は，どのような特色があるのか。
		B-1-3：大豆やトウモロコシは，どのようにして生産されているのか。
	B-2：なぜ，五大湖沿岸では鉄鋼や自動車，機械などの重工業が盛んだったのか。	B-2-1：アメリカ合衆国の工業には，どのような特色が見られるのか。
		B-2-2：大工業地域が広がる五大湖周辺とはどのような地域なのか。
	B-3：なぜ，近年太平洋岸のシリコンバレーには，世界的なICT関連企業が集まっているのか。	B-3-1：シリコンバレー周辺はどのような地域なのか。

展　開

第1次

第1時の目標：主題図をもとに，アメリカ合衆国の人種・民族構成の特色を読み取り，読み取った特色をもとに探究する学習課題を発見している。

授業仮説：アメリカ合衆国の人種・民族構成に関する主題図を読み取らせれば，読み取った特色から探究する学習課題を発見することができるだろう。

時	学習活動	主な問い・指示	生徒の反応
〈第1次〉第1時	アメリカ合衆国の様子を表す写真からアメリカのイメージを想起する。	写真を見て，気づいたことをノートに箇条書きしなさい。【資料1】	・黒人が路上でパフォーマンスをしている。 ・頭にターバンを巻いた人々が何かに祈りを捧げている。 ・看板などが中国語で書かれており，まるで中国の町並みである。
	単元を貫く学習課題を把握する。	単元を貫く学習課題：アメリカ合衆国とはどのような国（地域）なのだろうか。	
	アメリカ合衆国の人種・民族の傾向を読み取る。	アメリカ合衆国とはどのような国なのか。資料をもとに読み取りなさい。【資料2】	・隣接する国から移り住んできたからではないか。 ・何かの理由で，強制的に連れてこられたからではないか。
	読み取った事実をもとに探究する問いを設定する。	A：なぜ，アメリカ合衆国では，地域によって異なる人種・民族が見られるのか。	

資料1：池上彰（2016）『池上彰のよくわかる世界の宗教　アメリカの宗教』丸善出版，p.7.
資料2：帝国書院編集部編（2012）『帝国書院地理シリーズ　世界の国々6　北アメリカ州』帝国書院，p.12.

第2次

第2時の目標：アフリカ系移民がミシシッピ川流域南東部に集中しているのは，アメリカ南部が次々と開拓された17世紀以降，安価な労働力が必要とされていた大規模農園に奴隷として西アフリカなどから大勢連れてこられ

たからであることを理解している。

授業仮説：アフリカ系移民が炎天下の綿花畑で働く様子を想起させたり，アフリカ系移民が奴隷として大勢連れてこられた歴史を読み取らせたりすれば，アフリカ系移民がミシシッピ川流域南東部に集中している理由が理解できるだろう。

第3時の目標：ヒスパニック系移民がメキシコとの国境周辺のアメリカ合衆国南西部に集中しているのは，国境付近という地理的条件とアメリカ合衆国の経済・雇用状況がヒスパニック系移民の求める条件に合致しているからであることを理解している。

授業仮説：ヒスパニック系移民が危険を犯してまで不法入国する理由を考えさせたり，アメリカ合衆国における雇用状況及び市民権の制度を読み取らせたりすれば，ヒスパニック系移民がメキシコとの国境周辺（アメリカ合衆国南西部）に集中している理由が理解できるだろう。

時	学習活動	主な問い・指示	生徒の反応
〈第2次〉第2時	学習課題の把握，及び予想・仮説の設定 人種・民族の分布と都市の人口構成を読み取る。	A：なぜ，アメリカ合衆国では，地域によって異なる人種・民族が見られるのか。 A-1-1：アメリカ合衆国の南東部には，どのような人種・民族の人たちが，どの程度の割合で住んでいるのか。【資料3】	・隣接する国から移り住んできたからではないか。 ・何かの理由で，強制的に連れてこられたからではないか。 ・アメリカ合衆国の南東部（ミシシッピ川流域）には，70％程度のアフリカ系移民が住んでいる。
	綿花畑で炎天下に裸足で働く黒人の様子から，綿花栽培の重労働を想像する。	A-1：なぜ，アフリカ系移民は，ミシシッピ川流域の南東部に集中しているのか。【資料4】	・アフリカ系移民は，アメリカ南部が次々と開拓された17世紀以降，労働力が必要とされていた大規模農園に奴隷として西アフリカから大勢連れてこられるようになった。ミシシッピ川流域は，プランテーションによる綿花栽培が盛んで，強制労働者として従事させた結果，アフリカ系移民が南東部に集中するようになった。

	西アフリカから黒人が連れてこられた様子を読み取る。	A-1-2：どのような経緯で，アフリカ系移民はアメリカ合衆国で暮らすようになったのか。【資料5】	・アメリカ合衆国の南西部（メキシコとの国境周辺）には，50％程度のヒスパニック系移民が住んでいる。
第3時	人種・民族の分布と都市の人口構成を読み取る。	A-2-1：アメリカ合衆国の南西部には，どのような人種・民族の人たちが，どの程度の割合で住んでいるのか。【資料3】	
	川を渡って密入国するメキシコ人妊婦不法移民の心情を想像する。移民の変化，職業別民間被雇用者数，及びレタスを収穫するヒスパニック労働者の様子を読み取る。	A-2：なぜ，ヒスパニック系移民は，メキシコとの国境周辺の南西部に集中しているのか。【資料6】 A-2-2：どのような経緯で，ヒスパニック系移民はアメリカ合衆国で暮らすようになったのか。【資料7，8，9】	・ヒスパニック系移民は，戦後，自由と経済的な豊かさを求め，メキシコとの国境近い南西部に移住するようになった。その多くは，人手が必要とされる農林水産業に従事し生計を立てている。移民の数は年々増加しており，その背景には，不法入国者であってもアメリカの市民権が与えられるという国籍に係わる制度を利用した行動が目立っている。

資料3：前掲資料2，p.17．
資料4：池上彰（2005）『そうだったのか！アメリカ』集英社，p.146．
資料5：池上彰（2015）『池上彰の世界の見方 アメリカ』小学館，pp.103-104．
資料6：同上資料，p.118．
資料7：前掲資料5，p.118．
資料8：帝国書院編集部（2016）『図説地理資料 世界の諸地域 NOW』帝国書院，p.137．
資料9：同上資料，p.137．

第3次

第4時の目標：アメリカ合衆国の中西部で大豆やトウモロコシが大量に生産されているのは，自然環境が適しており，広い土地を生かし，企業的な農業によって展開されているからであることを理解している。

授業仮説：アメリカ合衆国の地域による農業区分及び先進的な農業やアグリ

ビジネス企業の実態を読み取らせれば，アメリカ合衆国の中西部で大豆やトウモロコシが大量に生産されている理由を理解できるだろう。

第5時の目標：五大湖沿岸において鉄鋼や自動車，機械などの重工業が盛んだったのは，周辺地域で石炭と鉄鉱石などの鉱山資源が豊富で，それを運河や鉄道を使って容易に運ぶことができる工業発展にまたとない地理的条件を備えた場所だったことや，大都市に近かったため豊富な労働力を安価に得られたからであることを理解している。

授業仮説：五大湖周辺の工業に関する地図をもとに地理的条件を検討させたり，五大湖周辺の歴史を読み取らせたりすれば，五大湖沿岸において鉄鋼や自動車，機械などの重工業が盛んだった理由を理解できるだろう。

第6時の目標：近年，太平洋岸のシリコンバレーに世界的なICT関連企業が集まっているのは，大学をはじめ様々な研究機関が数多く立地し，産学共同体制が確立していることや，自由な労働スタイルや創造的な社内環境を求めて世界中から優秀な技術者や研究者たちが集まってきているからであることなどを理解している。

授業仮説：シリコンバレー周辺の地理的特色や住民構成，及び産学共同体制などについて情報を読み取らせたりすれば，近年，シリコンバレーに世界的ICT関連企業が集まっている理由を理解できるだろう。

時	学習活動	主な問い・指示	生徒の反応
〈第3次〉第4時	学習課題の把握，及び予想・仮説の設定 アメリカ合衆国の農業の傾向を読み取る。 学習課題の把握，及び予想・仮説の設定	人種・民族以外にも地域によって違いが見られることはあるか。 農業の分布図を見て，気づいたことをノートに箇条書きしなさい。【資料8】 B：なぜ，アメリカ合衆国では地域によって産業の特色に違いが見られるのか。	・産業も違うのではないか。 ・支持政党も違うのではないか。 ・農業に関しては，地域によって産業の特色に違いが見られる。また，中西部では，大豆や小麦，トウモロコシの生産量が多そうだ。 ・農業に関しては，それぞれの作物の気候条件に合った場所で農業を行っているからではないか。

Chapter4 指導の手立てがよくわかる！地理授業の実践モデル

	主な農産物の生産量及び輸出量の割合と，アメリカ合衆国の農業の傾向を読み取る。 学習課題の把握，及び予想・仮説の設定	B-1-1：アメリカ合衆国では，どのような地域でどのような農作物がたくさん生産されているのか。 【資料9，10】 B-1：なぜ，大豆やトウモロコシは主に中西部で大量に生産されているのか。	・地図帳に統計が載っている。 ・大豆やトウモロコシは，主に中西部で生産されている。 ・大豆やトウモロコシの生産に適した自然環境なのではないか。 ・土地が広いからではないか。 ・大型機械を使って大量に生産し，外国に輸出するためではないか。
	アメリカの農業地域区分と農地面積を読み取る。	B-1-2：大豆やトウモロコシが生産されている地域は，どのような特色があるのか。 【資料11，12】	・大豆やトウモロコシは，夏の平均気温が20℃以上で，生育期間の月平均降水量が100mm前後の地域で生産されている。その地域の気候や土壌などの条件に最も適した場所で栽培されている（適地適作）。 ・アメリカ合衆国の農地面積は514万km^{2}で，中国に次ぎ世界第2位。
	先進的な農業とアグリビジネス企業，及び大豆への農薬散布の様子から生産の様子を読み取る。	B-1-3：大豆やトウモロコシは，どのようにして生産されているのか。【資料13，14】	・アメリカの農家一戸当たり経営面積は，日本と比べてはるかに広い。一方，少ない労働力で大量の農作物を生産している。例えば，大型機械の導入や生産から加工，販売，さらには化学肥料や農薬，農業機械までの農業関連の様々な分野を一手に受け持ったりする企業的な農業によって管理し，世界各国に輸出する方法をとっている。
第5時	アメリカ合衆国の鉱工業の傾向及びアメリカ合衆国の主要な工業地帯から，それぞれの工業地帯の特徴を調べる。	B-2-1：アメリカ合衆国の工業には，どのような特色が見られるのか。【資料15，16】	・五大湖沿岸から大西洋沿岸にかけて工業地帯が広がっている。また，太平洋沿岸やメキシコ湾沿岸にも工業地帯が点在している。 ・太平洋岸には，近年，コンピュータや半導体などの最先端技術産業が発達している。 ・メキシコ湾岸には，NASAの基地もあり，航空宇宙産業が盛ん。

	問いに対して予想を立て、五大湖周辺の工業、及び歴史ある工業地帯とその変化から調べる。	B-2-2：大工業地帯が広がっている五大湖周辺とはどのような地域なのか。 【資料17，18】 B-2：なぜ，五大湖沿岸では鉄鋼や自動車，機械などの重工業が盛んだったのか。	・五大湖沿岸は，鉄鋼や自動車，機械などの重工業が盛んであった。特に，デトロイトは世界最大の自動車工業都市，ピッツバーグは，世界有数の鉄鋼業都市だった。 ・①この周辺で石炭と鉄鉱石などの鉱山資源が豊富に採れ，それを運河や鉄道を使って容易に運ぶことができる工業発展にまたとない地理的条件を備えた場所だったこと，②大都市に近かったため豊富な労働力を安価で得られたこと，などが挙げられる。
第6時	問いに対して予想を立て、シリコンバレーの地図、シリコンバレーの住民構成、及びベンチャービジネスとそれを支えるものをもとに調べる。	B-3-1：シリコンバレーはどのようなところなのか。 【資料19，20，21】 B-3：なぜ，近年太平洋岸のシリコンバレーには，世界的なICT関連企業が集まっているのか。	・特に，サンノゼを中心としたシリコンバレーには，グーグルやアップルやインテルなど，世界的なICT関連企業が集中している。 ・近年，太平洋岸のシリコンバレーに世界的なICT関連企業が集まっているのは，①研究機関が数多く立地し，産学共同体制が確立していること，②世界的なICT関連企業で働くために，世界中から優秀な技術者や研究者たちが集まってきていることなどの理由があげられる。

資料10：帝国書院編集部編（2012）『帝国書院地理シリーズ 世界の国々6 北アメリカ州』帝国書院，p.26.
資料11：FAOSTAT〈URL〉http://www.fao.org/faostat/en/
資料12：帝国書院編集部（2016）『図説地理資料 世界の諸地域NOW』帝国書院，p.141.
資料13：国際統計格付けセンター
〈URL〉http://top10.sakura.ne.jp/IBRD-AG-LND-AGRI-K2.html
資料14：前掲資料10，pp.26-27.
資料15：前掲資料10，p.26.
資料16：前掲資料10，p.141.
資料17：前掲資料10，p.30.
資料18：星沢卓也（2017）『フォトグラフィア地理図説』東京法令出版，p.201.
資料19：前掲資料10，p.31.
資料20：前掲資料10，p.31.
資料21：前掲資料10，p.148.

評　価

　この単元の評価では，授業で獲得してきた知識を活用して関連する事象を説明できるかを問います。例えば，「なぜ，アメリカ合衆国は民族の『サラダボウル』と呼ばれているのだろうか」，「なぜ，アメリカ合衆国にはチャイナタウンやリトルイタリーと呼ばれる他国の民族コミュニティがあるのだろうか」，「なぜ，海のないデトロイトは発展することができたのだろうか」，「なぜ，近年のシリコンバレーの住民構成は，ヨーロッパ系，インドや中国からのアジア系の割合が多いのだろうか」などが想定されます。

交通・通信の学習をどう行うか

5 学習者の身近な事例を題材にして

この単元のポイント

　現代社会では，グローバル化によりヒト・モノ・カネ・情報が国境を越えて地球規模で行き来しています。このような現実を踏まえ，国内外の交通・通信網の発達の様子や物流の特色について大観させることが，本単元の主なねらいです。しかし，交通・通信網や物流といった題材は，実態がつかみづらく抽象的であるがゆえに，生徒にとっては表面的で実感の伴わない学習になりがちです。これらの課題を解決するために，世界的スポーツブランドとして有名なNIKEの販売戦略や修学旅行などで利用する空港の取り組みなど，生徒にとって身近で具体的な事例を取り上げ，それらを多面的に分析させる学習とすることで，グローバル化した社会の「今」について実感を伴った理解を保証する展開としました。

単元目標

　現代社会における交通・通信網の発達や物流の特色について理解するとともに，それらが社会に及ぼす影響について考えている。

単元指導計画

段階	学習内容	配当時数
第1次	・"モノ"のグローバル化と多国籍企業の販売戦略	1
第2次	・"サービス"のグローバル化と国際ハブ空港への取り組み	2

Chapter4 指導の手立てがよくわかる！地理授業の実践モデル

　第1次では，世界的スポーツブランドであるNIKEを事例に取り上げ，その販売戦略を地理的視点や経済的視点から考察させることを通して，"モノ"のグローバル化の特色を理解させることを目指します。
　第2次では，わが国を代表する空港の1つである関西空港の，ハブ空港を目指す取り組みを経済的視点や政治的視点から分析させることを通して，"ヒトとサービス"のグローバル化の特色を理解させることを目指します。

単元を貫く学習課題と問いの構造図

単元を貫く学習課題

　今日の交通・通信網の発達や物流にはどのような特色があるのだろうか。また，それらの発達は，私たちの社会にどのような影響を与えているのだろうか。

問いの構造図

説明的知識に対応する問い	下位の説明的知識に対応する問い	分析的知識に対応する問い
A：なぜ，NIKEのような多国籍企業は，本社とは別の場所で生産したり，販売したりしているのか。	A-1：なぜ，NIKEは生産を発展途上国で行っているのか。 A-2：なぜ，NIKEは販売を経済先進国で行っているのか。	A-1-1：NIKEは，どのような場所で生産を行っているのか。 A-2-1：NIKEは，どのような場所で販売を行っているのか。
B：なぜ，関西空港は様々な対抗策を講じてまでハブ空港を目指すのか。	B-1：なぜ，アジア諸国の中では仁川空港がハブ空港の有力候補といわれているのか。	B-1-1：関西空港が目指しているハブ空港とは，どのようなものか。 B-1-2：ハブ空港に認められるために必要な条件とは，どのようなものか。

展 開

第1次

第1時の目標：スポーツ産業を事例に多国籍企業の販売戦略を分析することを通して，"モノ"のグローバル化の特色について理解している。

授業仮説：多国籍企業の1つであるNIKEの販売戦略の特色を分析する学習を展開すれば，"モノ"のグローバル化の特色を理解できるだろう。

時	学習活動	主な問い・指示	生徒の反応
〈第1次〉第1時	身の周りのものが作られた場所を調べる。	身の周りのものがどこで作られたものなのか，商品タグを見て調べよう。	・Tシャツ→ベトナム ・運動靴→中国 ・上着→バングラデシュ ・バック→韓国
	NIKEシューズの生産地を予想する。	先生が履いているNIKEシューズは，どこで作られたものでしょうか。	・米国 ・中国 ・日本 ※正解はタイ
	資料1「世界のNIKE」をもとに本社，生産工場，販売店の傾向を読み取る。	A：NIKEの本社は米国ですが，どうして本社とは別のタイで生産しているのでしょうか。地図「世界のNIKE」をもとに，生産地及び販売地の傾向を読み取りなさい。【資料1】	【資料1】世界のNIKE ◆…NIKE本社 【NIKEのある国】 ■…生産工場 ○…支店(販売店)
		A-1-1：NIKEは，どのような場所で生産を行っているのか。 A-1-2：NIKEは，どのような場所で販売を行っているのか。	・生産工場は主に東アジアに集中している。 ・販売店は，日本をはじめヨーロッパなどの経済的に豊かな国に集中している。 ※このように，世界中に工場や販売店を世界中にもっている企業を多国籍企業ということを説明する。
	NIKEのような多国籍企業が本	A-1：なぜ，NIKEは**生産を発展途上国で行**	・NIKEが生産を発展途上国で行っているのは，生産にかかるコスト（人

Chapter4 指導の手立てがよくわかる！地理授業の実践モデル

社とは別の場所で生産したり販売したりしている理由について，多国籍企業"NIKE"をもとに考える。	っているのか。 A-2：なぜ，NIKEは販売を経済先進国で行っているのか。 【資料2】	件費や土地代など）を安く抑えることができるからである。 ・NIKEが販売を経済先進国で行っているのは，経済的に豊かな国で商品を売ったほうが効率的に利益を得ることができるからである。
	【資料2】 　　　　　　　　　　　　　　　　本社－アメリカオレゴン州 　NIKEは，オレゴン州ポートランドに本社を置く企業で，商品デザイン，マーケティング，経営の大部分はここで行われます。生産はここを含めてアメリカ国内では行っていません。 　　　　　　　　　　　　　　　　生産－主として東南アジア 　NIKEは，40か国に工場を持ち，50万人以上の従業員のうち，ほとんどを低賃金で雇っています。1日の給料は約425円と低く，ここで約170円で作られた運動靴は，イギリスでは約1万5千円以上で売られています。 　　　　　　　　　販売と広告活動－主に経済的富裕国で展開 　NIKEは，140か国の4万7千以上の店舗に商品を供給しています。広告費はタイガーウッズのようにNIKEの商品を着てもらう有名人への支払いも含めて，年間約1700億円以上にもなります。	
単元を貫く学習課題を把握する。	単元を貫く学習課題：今日の交通・通信網の発達や物流にはどのような特色があるのだろうか。また，それらの発達は，私たちの社会にどのような影響を与えているのだろうか。	

第2次

第2時の目標：航空産業を事例にハブ空港を目指す理由やその要件を分析することを通して，"ヒトやサービス"のグローバル化の特色について理解している。

授業仮説：関西国際空港がハブ空港を目指す理由及びその対策を分析する学

習を展開すれば，"ヒトやサービス"のグローバル化の特色について理解できるだろう。

時	学習活動	主な問い・指示	生徒の反応
〈第2次〉第2時	資料3「関空危機感 独自性で対抗」を読んでわかったことを発表する。	新聞記事を読んでわかったことを発表しよう。【資料3】	・関西空港は，アジア地域における国際ハブ空港の有力候補とされる成田空港や仁川空港（韓国）に対抗するため，2009年から新規就航分で1年半無料となる着陸料の大幅割引制度を導入したり，国内外の格安航空会社（LCC）を誘致したりしている。
	資料4「ハブ空港とは？」をもとにハブ空港の意味について調べる。	B-1-1：関西空港が目指しているハブ空港とは，どのようなものか。【資料4】	・ハブ空港とは，世界各地に放射状に伸びた航空路線網の中心として機能する「拠点空港」という意味である。
	関西空港が成田空港や仁川空港（韓国）と対抗している理由を考える。	B：なぜ，関西空港は様々な対抗策を講じてまでハブ空港を目指しているのか。	・海外から観光客がたくさん訪れることで，様々な経済効果や雇用拡大が期待できるから。 ・ハブ空港となれば，乗り継ぎが便利になり，空港を利用する人が増えるから。 ・ハブ空港となり空港を利用する人が増えれば，地域の活性化が期待できるから。
	仁川空港が，アジア諸国の中で「ハブ空港」有力候補といわれている理由について，資料5「理想的なハブ空港を作るための9つの条件」及び資料6「世界の主要空港の国際線着陸料比較」をもとに考える。	B-1：なぜ，アジア諸国の中では仁川空港がハブ空港の有力候補といわれているのか。 B-1-2：ハブ空港に認められるために必要な条件とは，どのようなものか。資料をもとに考えなさい。【資料5，6】	【資料5】 【理想的なハブ空港を作るための9つの条件】 (1) 航空券（物価）が安い (2) 滞在施設が充実している (3) 航空会社が発着時間を自由に決めることができる (4) 国際線と国内線（または近距離国際線）の路線が多い (5) スポークの中心に近い (6) 24時間運用できる (7) 長距離ジャンボが離着陸できる

Chapter4　指導の手立てがよくわかる！地理授業の実践モデル

		(8)　貨物のバックヤードが大きい (9)　着陸料（空港利用料）が安い
今後，関西空港がとるべき方策について，ハブ空港化によってもたらされる恩恵と損失をもとに判断する。	未来予測・意志決定を促す問い：今後，関西空港は，ハブ空港化を目指して成田空港や仁川空港に対抗し続けるべきか否かについて，ハブ空港化によってもたらされる恩恵と損失を予測し，自分の意見を発表しなさい。	

資料１：Waugh, D., Bushell, T., (2006) *NEW KEY GEOGRAPHY Interactions*. Nelson Thornes, p.73をもとに筆者作成。
資料２：同上書，p.72をもとに筆者作成。
資料３：朝日新聞「関空危機感　独自で対抗」(2010.7.10. 朝刊１面)
資料４：ハブ空港化　〈URL〉http://sekainoura.net/ ハブ空港化 .html
資料５：ペンギン航空情報部「理想的なハブ空港を作るための９つの条件」
　〈URL〉http://airline.skr.jp/airport/hub1/（2018年６月１日現在）
資料６：ANA VISION 2010「世界の主要空港の国際線着陸料比較」

評　価

　本単元では，"モノ"及び"ヒトやサービス"のグローバル化の内容をもとに，ヒト・モノ・カネ・情報が国境を越えて地球規模で行き来するようになったグローバル化した社会の特色について，NIKEの販売戦略や関空のハブ空港を目指す対抗策を事例に学習しました。

　評価は，授業で獲得してきた知識を活用して関連する事象を説明できるかを問いたいところです。例えば，「日本でNIKEのように生産拠点を海外に移している企業にはどのようなものがあるか。また，なぜそれらの企業は，生産を海外で行っているのだろうか」，「なぜ，UAEのドバイは世界最大のハブ空港と呼ばれているのか」などが想定されます。

6 九州地方の学習をどう行うか
いわゆる中核方式の学習課題の立て方を中心にして

この単元のポイント

　「日本諸地域」の学習では，それぞれの地域の特色ある事象を中核として，それを他の事象と有機的に関連づけて地域的特色を捉えさせる，いわゆる動態地誌的な学習が求められています。このような学習を取り入れたのは，自然環境や産業の特色といったような項目を各地方で羅列的に取り上げると，生徒が学習する内容が多すぎてしまったり，地域の特色を理解することが難しくなってしまったりするからです。

　考察の仕方のねらいは，各地方に設定した中核テーマにもとづいて生徒が学習課題を設定し，なぜそのような地理的事象が見られるかを多面的・多角的に探究することによって事象間の関連を考察し，地域的な特色が生まれる原因を説明できるようになることです。

　平成20年版学習指導要領では7つの中核テーマが設定されていましたが，平成29年版では，自然環境，人口や都市・村落，産業，交通や通信，その他の5つになりました。本単元では，自然環境を中核テーマとし，「なぜ，九州地方の人々は，環境と共生した生活を積極的に進めているのか」という学習課題を立て，九州地方の地域的特色を捉えます。

単元目標

　九州地方の人々は，ユーラシア大陸に近い地理的条件の中で，火山地形を有効に活用したり，温暖な気候を生かした農業を行ったりするなど，自然環境と共存しながら生活していることを理解している。

単元指導計画

段階	学習内容	配当時数
第1次 学習課題発見	・九州地方の位置，自然環境（地形，気候），自然災害から学習課題を把握 ・仮説の設定	1
第2次 仮説の根拠資料収集	・九州地方の位置を生かした人々の生活と産業 ・九州地方の地形を生かした人々の生活と産業 ・九州地方の気候を生かした人々の生活と産業	3
第3次 まとめと評価	・九州地方の学習を生かした，身近な地域の自然環境と生活，産業についての調査	1

　第1次では，資料をもとに九州地方が中国や韓国との距離が近く，山がちで火山が多い地形や，温暖で降水量が多い気候のため自然災害が多い地域であることを認識し，学習課題を設定し仮説を立てます。

　第2次では，仮説にもとづき九州の位置や地形，気候条件の中で人々がどのように生活し，産業を発展させているのかを，資料をもとに検証します。

　第3次では，それまで学習した内容と方法をもとに自分が住んでいる地域の自然環境と生活，産業について調べます。

単元を貫く学習課題と問いの構造図

単元を貫く学習課題

　なぜ，九州地方の人々は，自然環境と共生した生活を積極的に進めているのでしょうか。

問いの構造図

説明的知識に対応する問い	分析的知識に対応する問い	記述的知識に対応する問い
A：なぜ，九州地方の人々は，自然環境と共生した生活を積極的に進めているのだろうか。	A-1：九州地方の地理的位置は，人々の生活や産業とどのように結びついているのか。	A-1-1：自動車工場は九州のどこに立地しているのか。それはなぜか。
		A-1-2：福岡空港を利用する外国人観光客は，どの国・地域から来るのか。
	A-2：九州地方の地形は，人々の生活や産業とどのように結びついているのか。	A-2-1：九州地方のどの県が温泉施設ベスト10に入っているか。
		A-2-2：日本中で何地方，何県に地熱発電所が多いのか。
		A-2-3：シラス台地は，いつから農業の盛んな地域になったのか。
	A-3：九州地方の気候は，人々の生活や産業とどのように結びついているのか。	A-3-1：どこで暖かい気候を利用した農業が行われているのか。

展開

第1次

第1時の目標：九州地方の位置的，地形的，気候的な特色を，資料をもとに読み取り，地域的な特色を理解し，読み取った事実をもとに学習課題を立てている。

授業仮説：資料をもとに九州地方の自然環境を明らかにする学習活動を展開すれば，読み取った事実をもとに九州地方の地域的特色について学習課題を立てることができるだろう。

Chapter4　指導の手立てがよくわかる！地理授業の実践モデル

時	学習活動	主な問い・指示	生徒の反応
〈第1次〉第1時	情報の収集 九州・沖縄の位置を読み取る。	九州・沖縄はどんなところに位置しているだろうか。【資料1】	・九州は日本の南部に位置し，朝鮮半島に近い。 ・沖縄は九州と台湾の間に島々が連なっている。
	気候を読み取る。	九州・沖縄はどんな気候だろうか。東京と比べよう。【資料2】	・沖縄は冬の気温が15℃を超えており，宮崎は降水量が多い。
	地形を読み取る。	九州はどんな地形だろうか。【資料3，4】	・山がちで火山が多い。 ・阿蘇山はカルデラ地形である。
	自然災害を思い出す。	資料や最近の出来事から，九州はどんな自然災害が起こるのだろうか。【資料5】	・火山の噴火（新燃岳） ・川の氾濫（福岡県北部） ・熊本地震
	単元を貫く学習課題の発見と仮説の設定	A：なぜ，九州地方の人々は，自然環境と共生した生活を積極的に進めているのだろうか。	・自然災害の被害を上回る，生活しやすい面があるのでは。 ・大陸に近いから。【仮説1】 ・火山などが観光資源になるから。【仮説2】 ・気候が温暖だから。【仮説3】

資料1：南西諸島の島々日本列島②（南西諸島②）（矢ヶ﨑典隆ほか（2016）『新編　新しい社会　地図』東京書籍，p.75②）
資料2：那覇，宮崎，東京の雨温図（雨温図－気温と雨量の統計）
　〈URL〉https://weather.time-j.net/Climate)
資料3：地理院地図色別標高図
資料4：活火山総覧第4版活火山分布図（気象庁ホームページ）
資料5：活火山総覧第4版桜島（気象庁ホームページ）
資料6：災害をもたらした気象事例（気象庁ホームページ）

第2次

第2～4時の目標：九州は大陸に近いため，工業製品を東アジアへ輸出するのに便利で，温泉観光地に国内や東アジアから多くの観光客を呼び込むことができていること，及び火山灰土壌を克服したり温暖な気候を生かしたりしながら農業が発展していることを理解している。

授業仮説：九州の位置や地形や気候が，人々の生活や産業に有利にはたらい

123

ていることを捉えさせれば，九州地方に多くの人が生活している理由を理解することができるだろう。

時	学習活動	主な問い・指示	生徒の反応
〈第2次〉第2時	仮説1の根拠資料収集	A-1：九州地方の地理的位置は，人々の生活や産業とどのように結びついているのか。	
	自動車工場の立地を読み取る。	A-1-1：自動車工場は九州のどこに立地しているのか。それはなぜか【資料7】	・福岡県苅田町 ・地理的に近いアジアへの輸出を考えているからではないか。 ・人件費が安いからではないか。
	訪日外国人の福岡空港利用状況を読み取る。	A-1-2：福岡空港を利用する外国人観光客は，どの国・地域から来るのか。【資料8】	・東アジア，特に韓国から来た人が多い。
	九州地方は，東アジアに近い地理的位置を利用して自動車工業や観光業を発展させている。		
第3時	仮説2の根拠資料収集	A-2：九州地方の地形は，人々の生活や産業とどのように結びついているのか。	・大分県，鹿児島県，熊本県がランクインしている。
	九州の観光産業の特徴を読み取る。	A-2-1：九州地方のどの県が温泉施設ベスト10に入っているのか。【資料9】	・大分県，熊本県，鹿児島県が多い。
	県別宿泊客数を読み取る。	九州地方のどの県の宿泊客が多いのか。【資料10】	
	地熱発電所の分布を読み取る。	A-2-2：日本中で何地方，何県に地熱発電所が多いのか。【資料11】	・九州地方，特に大分県に多く分布しており，八丁原発電所は最大規模である。
	九州地方は，火山地形を温泉や地熱発電に利用し，観光業やエネルギー産業を発展させている。		
第4時	シラス台地の開発の経緯を読み取る。	A-2-3：シラス台地は，いつ頃から農業の盛んな地域になったのか。	・さつまいもやなたねが栽培されていたが，かんがい用水がひかれたことにより茶が栽培され，畜産が行われ

仮説3の根拠資料収集	【資料12】A-3：九州地方の気候は，人々の生活や産業とどのように結びついているのか。	るようになった。
シラス台地の農業の特色を読み取る。	シラス台地で新しく行われた農業から生産される作物のランキングを，鹿児島県を事例に調べてみよう。	・さつまいも1位，茶2位，畜産では豚と肉用若鳥が1位，肉牛は2位である。
九州で生産が1位の野菜を読み取る。	A-3-1：どこで暖かい気候を利用した農業が行われているのか。	・熊本のトマト，宮崎のきゅうり。
野菜の出荷時期を調べる。	【資料13】調べた野菜はいつ出回っているのか。	・いずれの野菜も冬の時期のシェアが多い。
	【資料14】熊本県や宮崎県はなぜ冬に栽培し，出荷しているのだろうか。	・暖かい気候を利用して促成栽培を行うことにより，価格の高い時期に出荷できるから。
	九州地方は，シラス台地をかんがいしたり，暖かい気候を利用したりして農業を発展させている。	

資料7：北部九州自動車産業アジア先進拠点プロジェクト
　〈URL〉 http://www.pref.fukuoka.lg.jp/contents/car-project.html
資料8：福岡空港と成田空港を利用する訪日外国人の国・地域別割合（谷内達ほか（2016）『社会科　中学生の地理』帝国書院，p.176③）
資料9：日本の温泉データ，温泉施設の数（日本温泉総合研究所）
　〈URL〉 http://www.onsen-r.co.jp/data/
資料10：九州地方のおもな温泉地と宿泊客数（前掲資料8，p.173④）
資料11：日本地熱協会，日本の地熱発電所
　〈URL〉 http://www.chinetsukyokai.com/
資料12：シラス台地の開発（金坂清則ほか（2016）『中学校社会科地図』帝国書院，p.86⑨）
資料13：日本の農水産物の生産（矢ヶ﨑典隆ほか（2016）『新編　新しい社会　地図』東京書籍，p.164②）
資料14：月報野菜情報－今月の野菜トマト，きゅうり
　〈URL〉 https://vegetable.alic.go.jp/yasaijoho/yasai/1706/yasai1.html
　〈URL〉 https://vegetable.alic.go.jp/yasaijoho/yasai/1704/yasai1.html

■ 第3次

第5時の目標：身近な地域の自然環境と人々の生活の様子を調べることにより，自然環境と人々の生活や産業の結びつきについて理解している。

授業仮説：本単元の学習内容や学習方法を理解していれば，その内容や方法を活用し，身近な地域の自然環境と人々の生活や産業の結びつきについて理解できるだろう。

時	学習活動	主な問い・指示	生徒の反応
〈第3次〉第5時	まとめ（一般化）	九州地方で学習したことを活用して，自分の住んでいる地域の自然環境と人々の生活と産業の結びつきについて調べてみよう。【調べる内容】①位置【資料15】②地形【資料3】③気候【資料16】④自然災害【各自治体で発行されているハザードマップ】⑤産業【各自治体で発行されている統計書】【考える内容】私たちの住んでいる地域の生活や産業は，自然環境とどのように結びついているのだろうか。	・パソコン教室が使用できれば，自ら資料を探し，調べることができる。・グループ活動を行うならば，4人1グループを想定し，全員で位置を確認した後で②〜⑤の内容を分担して調べ，その後シェアリング（情報共有）することも可能である。

資料15：地理院地図
資料16：雨温図－気温と雨量の統計　〈URL〉https：//weather.time-j.net/Climate

評 価

　この単元の評価は２つの場面で見取ります。
　１つ目は内容的なものです。九州の自然環境と人々の生活や産業との結びつきについては，定期試験で知識が獲得できたかどうかを測ります。
　２つ目は方法的なものです。第２次で学習した方法を活用して，身近な地域について調べることができたかどうかを評価します。調べた内容をレポート形式で提出させるのはどうでしょうか。図や表を用いて調べた内容がどのような問いに対して答えたものかがわかるように，そして，どのように調べたのかが表現されていることが評価のポイントです。

7 関東地方の学習をどう行うか
パフォーマンス課題による単元のまとめ方を中心にして

この単元のポイント

　この単元は，平成29年版学習指導要領の日本の諸地域に明示された考察の仕方の中で，「④　交通や通信を中核とした考察の仕方」をもとに学習課題を設定し，探究します。その際，「（2）日本の地域的特色と地域区分④交通・通信」で学習した内容を活用することはいうまでもありません。

　地形的には日本で一番広い関東平野の中の，歴史的には江戸幕府の中心地として発達した東京とその周辺に位置する関東地方が，他の地域とどのように結びついているのかを交通や通信の視点で捉えます。また，関東地方と日本国内の他の地域だけでなく，関東地方の内部での結びつきや外国との結びつきも視野に入れ，異なるスケール間の関係も捉えます。

　学習のまとめとして，「2020年の東京オリンピックを観戦に来る外国人旅行客に国内日帰り観光プランを提案する」というパフォーマンス課題に対して，教室内でタブレット端末を用いてインターネットの情報を利用して調べ学習を行い，生徒がこの単元で探究した学習内容を活用できているかどうかを，通信技術の発達を実体験させながら確認します。

　発表については，外国語科と協力し，英語の授業の中で行います。設定としては外国人旅行客に観光プランを提案するのですから，社会科でプランを作成し，英語での発表指導に関しては外国語科にお願いすることは，教科横断的な視点で教育活動を実践していく「カリキュラム・マネジメント」の1例となる意義ある学習活動ではないでしょうか。

単元目標

①東京を中心とする関東地方は，日本の交通・通信網の中心地だけでなく世界経済の中心地の１つであり，交通・通信・物流の拠点として国内・国外と深く結びついていることを理解している。

②日本一の面積である関東平野に位置する東京に大都市圏が形成される理由を，首都機能や産業分布をもとに考えるとともに，人口集中による都市問題の原因と解決策を理解している。

単元指導計画

段階	学習内容	配当時数
第１次 学習課題発見	・関東地方に集まる航空路線（国内線・国際線） ・関東地方に集まる新幹線 ・関東地方に集まる物流	1
第２次 仮説の根拠資料収集と検証	・多くの人々が集まる首都東京 ・拡大する東京大都市圏と都市問題 ・東京湾岸と北関東の工業地域 ・近郊農業の発達と他地域とのつながり	3
第３次 未来予測・意志決定	・2020年東京オリンピックを観戦に来た外国人観光客におすすめする旅行計画の作成	1

　第１次では，資料をもとに東京を中心とした関東地方が，日本や世界の交通・物流の中心地であることを認識し，学習課題を設定し仮説を立てます。

　第２次では，東京が首都をはじめとして様々な中心地としての役割を果たしていること，東京大都市圏が拡大しそれに伴って都市問題が発生していること，工業や農業が発展していることを，資料をもとにして理解を深めます。

　第３次では，オリンピックを観戦に来た外国人向けに，関東地方発着の日帰り旅行計画を立て，学習内容を探究できるか確かめます。

単元を貫く学習課題と問いの構造図

単元を貫く学習課題
なぜ，関東地方は日本国内や外国との結びつきが強いのでしょうか。

問いの構造図

説明的知識に対応する問い	分析的知識に対応する問い	記述的知識に対応する問い
A：なぜ，関東地方は日本国内や外国との結びつきが強いのか。	A-1：東京や関東地方は狭い面積なのに，なぜ，多くの機能が集中しているのか。	A-1-1：東京や関東地方にはどのような役割があるのか。
		A-1-2：東京の中心部にはどのような機関が集まっているのか。
		A-1-3：東京には今後どのような役割が期待されているか。
	A-2：なぜ，多くの人が都心に集まっているのか。	A-2-1：東京への通勤・通学者はどのように分布しているのか。
	A-3：なぜ，多くのモノが関東地方で生産されているのか。	A-3-1：どのようなモノが生産されているのか。
		A-3-2：生産されたモノはどのように輸送されているのか。

展開

第1次

第1時の目標：関東地方が国内線，国際線両方の航空路線，鉄道路線の中心であり，海外貿易の拠点であることを理解している。

授業仮説：タイプの異なる複数の資料を与えれば，より多くの生徒が問いをもつことができるだろう。

Chapter4 指導の手立てがよくわかる！地理授業の実践モデル

時	学習活動	主な問い・指示	生徒の反応
〈第1次〉第1時	情報の収集 単元を貫く学習課題の発見 仮説の設定	資料からどんなことが読み取れるだろう。【資料1，2】 資料からどんなことが読み取れるだろう。【資料3】 資料からどんなことが読み取れるだろう。【資料4】 A：なぜ，関東地方は日本国内や外国との結びつきが強いのか。	・国内線は上位10路線のうち9路線が東京（羽田・成田）発着である。 ・国際線は東京発着の路線と便数が多い。 ・東京駅を発着する東海道と東北新幹線の乗降客が多い。 ・貿易額の多い上位10港の半分以上を関東地方が占めている。 ・東京に多くの機能が集まっているからなのではないか。【仮説1】 ・関東地方に多くの人が集まっているからなのではないか。【仮説2】 ・産業が発達しているからではないか。【仮説3】

資料1：平成29年路線別輸送実績（国土交通省平成27年航空輸送統計（暦年）の概況について）
資料2：空港別国際線就航状況（国土交通省国際線就航状況平成27年）
資料3：路線別幹線輸送（国土交通省鉄道輸送統計年報平成28年度分）
資料4：積卸港別貿易額表（平成28年　確定値）（財務省貿易統計）

第2次

第2時の目標：東京は日本の首都であり，日本の政治・経済・文化・情報の中心他として様々な施設が集中していることを理解している。

授業仮説：立法，行政，司法などの国家機関，大使館などの外交施設の立地について読み取らせれば，東京が国内の様々な機能の中心地であることを理解するだろう。

時	学習活動	主な問い・指示	生徒の反応
〈第2次〉第2時	仮説1の根拠資料収集と検証	「東京に多くの機能が集まっているからなのではないか」という仮説1を検証しよう。 A-1：東京や関東地方は狭い面積なのに，な	・政治，経済，情報・通信，文化の中心的な役割。

時	学習活動	主な問い・指示	生徒の反応
		ぜ，多くの機能が集中しているのか。 A-1-1：東京や関東地方にはどのような役割があるのか。資料から読み取ろう。 【資料5】 A-1-2：東京の中心部にはどのような機関が集まっているのか。 【資料6，7】 資料からどのようなことが読み取れるのか。 【資料8，9】	・面積が狭いが人口が集中している地域である。 ・外資系の企業が集中している地域である。 ・大学生や外国人の割合が多い地域である。 ・国会議事堂，官庁街，大使館，日本銀行，証券取引所，放送局，新聞社，出版社，博物館。 ・東京オリンピック・パラリンピックの競技会場が東京ベイゾーンに集中している。 ・東京ディズニーリゾートの外国からの入場者数の割合も増えている。

資料5：東京都への集中（谷内達ほか（2016）『社会科 中学生の地理』帝国書院，p.229⑤）
資料6：東京の中心部に集中するさまざまな機関（同上資料，p.228②）
資料7：官庁街と国会議事堂（矢ヶ﨑典隆ほか（2016）『新編 新しい社会 地理』東京書籍，p.232①）
資料8：東京オリンピック・パラリンピックの競技会場予定地の分布（同上資料，p.233⑦）
資料9：東京オリエンタルランド入園者数データゲストプロフィール
〈URL〉http://www.olc.co.jp/ja/tdr/guest/profile.html

第3時の目標：都心部への通勤・通学のために東京近郊に大都市圏が急激に拡大し，郊外の丘陵地でも開発が進み，人口が集中し都市問題が発生したことを理解している。また，そのために中心地機能を分散するために再開発が行われたことを理解している。

授業仮説：新都心がどこにつくられたのかを読み取らせれば，東京大都市圏の中心地機能分散について理解させることができるだろう。

時	学習活動	主な問い・指示	生徒の反応
〈第2次〉第3時	仮説2の根拠資料収集と検証	「関東地方に多くの人が集まっているからなのではないか」という仮説2を検証しよう。 A-2：なぜ，多くの人	

Chapter4 指導の手立てがよくわかる！地理授業の実践モデル

	が都心に集まっているのか。	
	A-2-1：東京への通勤・通学者はどのように分布しているのか。	
	東京都千代田区の人口は何人で，夜間人口と昼間人口比率はどのくらいだろうか。【資料10】	・約74,000人である。 ・昼夜間人口比率は14.6倍である。
	資料を見てどのようなことがわかるか。【資料11】	・東京23区でも中心部は昼間人口が多く，周辺部は夜間人口が多い。
	都心に通勤している人はどこから来ているのだろうか。【資料12】	・23区内，23区以外の東京都，神奈川県，千葉県，埼玉県。
	都心に通勤してくる人が住んでいる市街地はどのように広がっているのだろうか。【資料13】	・鉄道に沿って市街地が拡大し，内陸の丘陵地にあるニュータウンの建設が進んだ。
	東京大都市圏にはどのような問題点があると考えられるか。	・通勤ラッシュやごみの増加，交通渋滞，ニュータウンの高齢化。
	問題点解決のためにどのような対策があるだろうか。	・高速道路の整備，中心地機能の分散化，都市の再開発。
	新都心はどこに分布しているか。どんなところにつくられたのか。【資料14】	・みなとみらい21地区や幕張新都心など。 ・みなとみらい21地区は，造船所の跡地を再開発してできた。

資料10：昼間人口，夜間人口及び昼夜間人口比率－東京都特別区部（平成22年，27年）（平成27年国勢調査）
資料11：昼夜間人口比率－東京都特別区部（平成27年）（同上資料）
資料12：従業地・通学地による人口・就業状態等集計（前掲資料10）
資料13：東京大都市圏の拡大とおもなニュータウン（谷内達ほか（2016）『社会科　中学生の地理』帝国書院，p.231③）
資料14：東京周辺の再開発（矢ヶ崎典隆ほか（2016）『新編　新しい社会　地図』東京書籍，p.114④）

第4時の目標：

①労働力の豊富な東京湾岸に発達した京浜工業地帯から，広い土地が確保できる北関東工業地域に工業地帯が広がり，高速道路の整備により，原料の輸入や製品の輸出に東京港以外の港を使用していることを理解している。

②東京大都市圏の人々の食糧を確保するために，関東地方では近郊農業による野菜の生産が盛んなことを理解し，収穫できない時期には他の地方から農産物が流通し，他の地域とのつながりがあることを理解している。

授業仮説：分布図とグラフを関連させることができれば，関東地方の産業の発達とその輸送について理解することができるだろう。

時	学習活動	主な問い・指示	生徒の反応
〈第2次〉第4時	仮説3の根拠資料収集と検証	仮説3を検証しよう。A-3：なぜ，多くのモノが関東地方で生産されているのか。A-3-1：どのようなモノが生産されているのか。資料から，工業生産額の多い市町村はどのあたりに分布しているか読み取ろう。【資料15】それぞれの地域はどんな工業が発達しているだろうか。資料を見て，北関東工業地域はどのように変化をしたのか説明しよう。【資料16】A-3-2：生産されたモノはどのように輸送されているのか。資料から北関東工業地域の製品はどの港から出荷されているか読み	・東京湾岸，相模湾岸，鹿島灘沿岸，栃木・群馬県南部の北関東に多く分布している。 ・東京23区：印刷，千葉：石油・化学，川崎・横浜：機械，鹿島灘：化学・電気機械，北関東：自動車・電気機械 ・京浜工業地帯の出荷額が減少し，北関東工業地域が増加傾向にある。 ・取引量から判断して茨城港から出荷。そこまでは高速道路を利用して運搬している。

	取ろう。また，その港までどのように運搬しているのか。【資料17】茨城港から製品を出荷するメリットは何だろう。	・交通渋滞の激しい都心を通らず，効率よく出荷できる。
	資料から，なぜ関東地方では，他の地方と比べて野菜づくりが盛んなのか説明しよう。【資料18，19】関東地方で野菜が生産されない時期は，どこから来てどのように運ばれているのだろうか。【資料20，21】	・人口の多い関東地方の食料を確保するため。 ・東京など大消費地の近いところで生産し，輸送にかかる時間と費用を抑えるため。 ・はくさいは，6月から10月にかけて長野県産が出回る。 ・なすは，11月から4月にかけて高知県産が出回り，トラックで東京に運ばれている。

資料15：北関東工業地帯・京浜工業地帯（金坂清則ほか（2016）『中学校社会科地図』帝国書院，p.125①）
資料16：京浜工業地帯・京葉工業・北関東工業地域の第2次産業に従事する人口と工業出荷額の変化（谷内達ほか（2016）『社会科 中学生の地理』帝国書院，p.234④）
資料17：平成28年茨城県内各港の港勢（港湾統計－茨城県従業地・通学地による人口・就業状態等集計（平成27年国勢調査）
資料18：主な野菜の生産量の県別割合（矢ヶ崎典隆ほか（2016）『新編 新しい社会 地理』東京書籍，p.234⑤）
資料19：おもな野菜などの栽培地と東京へ出荷される割合（前掲資料16，p.237⑥）
資料20：東京中央卸売市場での主な野菜の月別入荷量（矢ヶ崎典隆ほか（2016）『新編 新しい社会 地図』東京書籍，p115②-④）
資料21：高知県の農業産出額と野菜の輸送形態，おもな出荷先への輸送手段（前掲資料16，p.191⑧）

第3次

第5時の目標：今までの学習内容と自ら調べた情報をもとに，旅行プランを立案し，発表している。

授業仮説：今までの学習内容を理解し，教室でタブレット端末を使用してインターネットを利用しながらグループ活動で行えば，通信網の発達を実体験しながら，主体的で対話的な学びを行うことができるだろう。

時	学習活動	主な問い・指示	生徒の反応
〈第3次〉第5時	未来予測・意志決定	2020年の東京オリンピック・パラリンピックを観戦に来た外国人観光客を対象にした弾丸観光ツアーを企画しよう。 【条件】 ①2020年8月を時期とする。オリンピック観戦で東京に観光客が増えていることを予測したうえで考えること。 ②日程は日帰りとする。 ③JR東京駅，羽田空港，成田空港をスタート・ゴールとし，その組み合わせは自由とする。 ④グループの独自のアイデアが入っていること。 ⑤与えられた資料を参考にして活用すること。【資料22】	・教室でタブレット端末などを使用してインターネットを利用しながらグループ活動で行うと，通信網の発達を実体験しながら，主体的で対話的な学びを行うことができる。 ・考えたアイデアを発表ボード（A2～3判の大きさのホワイトボード）に記入する方法をとると，グループでの話し合いがスムーズになるだろう。

資料22：訪日外国人の消費動向，日本滞在中の行動（平成29年　年次報告書，観光庁）

評　価

　この単元の第2次は，定期テストで知識が獲得できたかどうかを見取ることができます。

　パフォーマンス課題は，ルーブリックをもとに評価します。時間があればルーブリックにもとづいて，プランを作成したグループ内やクラス内の各グループに対する相互評価を行うと，生徒が自らのプランを客観的に評価する

ことができ，次のパフォーマンス評価に対する改善視点がもてます。
　また，生徒の話し合いの発言やタブレット端末の活用状況，発表ボードへの書き込む姿勢なども評価の対象となるでしょう。先生方は積極的にグループ活動の輪に入っていきましょう。

レベル	パフォーマンスの特徴
4　よい	資料を活用し，外国人の訪日前に期待していたこと（日本食・景勝地観光）などを多く取り入れ，グループ独自のアイデアを盛り込み，移動に対して効率的な旅行プランを作成している。
3　合格	資料を活用し，外国人の訪日前に期待していたことなどを踏まえ，グループ独自のアイデアを盛り込み，旅行プランを作成している。
2　もう一歩	資料は参考にするが，旅行プランにグループ独自のアイデアか，日程表のどちらかが不十分である。
1　改善が必要	資料を活用できず，旅行プランにグループ独自のアイデア，日程表のどちらも不十分である。

身近な地域の調査の学習をどう行うか

8 地図作成能力と地域の課題を捉える能力の育成を中心にして

この単元のポイント

　この単元は，地理的分野の学習の最後に位置づけられています。これは，今まで地理で学習したことを生かし，生徒が生活している身近な地域を直接調査し，地域の課題を見出し考察するなどの社会参画の視点を取り入れた探究型学習を，地理的分野の学習のまとめとしているからです。

　しかし，宮本（2012）が指摘しているように，野外での観察や地域調査，いわゆるフィールドワークの実施率は低いものとなっており，地理学習として意義ある体験学習が行われていない現状が見られます。

　平成29年版学習指導要領の地理的分野の改訂の要点の１つとして，地域調査に関わる内容構成の見直しが提示されました。現行の「身近な地域の調査」を調査の対象地域として，観察や野外調査の実施方法を学ぶ「地域調査の手法」と地域の将来像を構想する「地域の在り方」の２つの中項目に再構成され，「地域調査の手法」は日本の諸地域学習の最初に学習する内容となりました。これは，地理学習においてフィールドワークを確実に実施することを意図したものでしょう。

　地理の苦手な先生にとっては，フィールドワークを計画し実践することは難しいことでしょう。しかし，生徒が地図を見ながら地域を歩き，新しい発見に驚きと喜びの表情を目にしたとき，フィールドワーク学習の意義を実感されるのではないでしょうか。

　授業形態は４人１組のグループ活動にしました。野外に出かけ直接調べる学習を班で行うことにより，「主体的・対話的で深い学び」の実現を目指し

ます。調査に当たっては地図の活用は必須です。地理院地図を活用しましょう。また，校外に出るので安全確保は最重要課題です。遠慮なく他の先生や地域の方に協力をお願いしましょう。

【引用文献】
○宮本静子（2012）「フィールドワーク学習の実施状況と教員の意識」『巡検学習・フィールドワーク学習の理論と実践－地理教育におけるワンポイント巡検のすすめ－』古今書院，pp.34-41．

単元目標

①観察や地図作成の手法を身につけ地域調査を行い，その結果について多面的・多角的に考察し，表現している。
②地域的な課題解決のための調査やまとめる手法を身につけ，その結果をもとに地域の課題と解決の方策を多角的・多面的に考察，構想し，表現している。
③身近な地域に対する理解と関心を深め，地域社会の形成に参画しようとしている。

単元指導計画

段階	学習内容	配当時数
第1次 地域調査の手法	・対象地域の概要の理解 ・地図作成の手法の理解 ・地域観察の実施 ・観察に基づく地図の作成 ・対象地域の実態の把握 ・課題解決のための調査テーマの決定，仮説の設定	4
第2次 地域の在り方	・課題解決のための調査方法やまとめる手法の理解 ・テーマに基づく地域調査の実施 ・調査に基づく地域の分析，課題解決策の検討 ・地域の課題と解決策の発表，シェアリング	4

この単元では,「地理オリンピック型」のフィールドワーク学習を想定しました。国際地理オリンピック大会のフィールドワークテストは,「マップメイキングテスト（MMT）」と「ディシジョンメイキングテスト（DMT）」の2つに分かれています（国際地理オリンピック日本委員会〈URL〉http://japan-igeo.com）。「MMT」では,対象地域を観察し,自らが考えた凡例をもとに土地利用図を作成し,地域の実態を明らかにします。「DMT」では,作成した地図や資料をもとに地域の課題の解決策や将来像を地図や文章で提案します。

　今回は,第1次で「MMT」の,第2次で「DMT」の手法を使って学習します。平成29年版学習指導要領では,第1次と第2次が別の中項目となっていますので,それぞれ単独の単元としての学習も可能です。

単元を貫く学習課題

▶ **単元を貫く学習課題**

　身近な地域にはどのような課題があり,それを解決するためにはどのようなことをすればよいでしょうか。

展　開

▶ **第1次**

第1次の目標：
①観察や地図作成の手法を身につけ,地域調査を行っている。
②観察結果をもとに地図を作成し,地域の実態を明らかにしている。
授業仮説：地域調査の手法を身につける際に適切な教材を提供すれば,地域の特徴を明らかにする地図を作成することができるだろう。

Chapter4 指導の手立てがよくわかる！地理授業の実践モデル

時	学習活動	主な問い・指示	生徒の反応
〈第1次〉第1時	対象地域の概要の理解	旅行ガイドで学区の「花菜ガーデン」が紹介されたので，その周辺を調べてみよう。【資料1，2】	・通学路の途中にある。 ・見学したことがある。 ・平塚花アグリ事業の一角にある。
		花菜ガーデンがあるところは以前，何があったのだろうか。【資料3】	・以前は，神奈川県立農業総合研究所であった。
		ベースマップを見てどんなことに気がつくだろうか。【資料4】	・田畑が混在している。 ・住宅や商店が少ない。
	地図作成の手法の理解	「平塚西海岸商店街」の施設や商店が1軒ごとにかかれたカードを班ごとに配布する。【資料5】	・グループで机をつけ，カードを受け取る。カードには店の名前と用途，位置が記されている。
		このカードを施設や商店の役割に応じて5つに分類してみよう。	・食品店，飲食店，日用品店，金融機関，駐車場などに分類する。
		大きく分類したものを細かく分類してみよう。	・飲食店を，和食店や中華料理店などに分類する。
		分類したもので地図の凡例を作成しよう。	・分類したものに応じて色分けしたり，記号を作ったりする。
		自分たちのつくった凡例にもとづいて，地図を作ろう。	・自分たちの作った凡例にもとづいて，地図を作る。
		作った地図をもとにして商店街の特徴をつかみ，その理由を考えよう。	・通りの南側に食品店や飲食店が多い。→商品に日光が当たるのを避けるためではないか。
	次時の調査の準備	グループで役割分担を決めよう。	・地図係，記録係，調査係，安全係を決める。
第2時	地域調査の実施	グループごとに対象地域を歩き，その概観を観察しよう。交通安全には十分気をつけよう。	・花菜ガーデンを中心とした「平塚花アグリ」施設を見学する。 ・用水路と取水堰を観察する。 ・対象地域の土地利用を観察・調査す

		地域の課題になるようなことを見つける視点で観察しよう。	る。
第3時	調査に基づく地図の作成	観察したことをもとに対象地域の地図を作成しよう。	・第1時で学習した方法を使って，土地利用図を作成する。 ・凡例：平塚花アグリ関連施設，田，畑，住宅，駐車場
第4時	対象地域の実態の把握 課題解決のための調査テーマの決定 仮説の設定	観察したことや作成した地図から調べた地域の課題を挙げてみよう。自分たちで見つけた地域の課題から，それに対する調査テーマを決め，課題の仮説を立ててみよう。 〈調査テーマ（問い）〉 Aグループ：花菜ガーデンの開業と交通量の増加（なぜ，最近交通事故が増えているのか） Bグループ：地域の土地利用と休耕地について（なぜ，最近休耕地が増えているのか） Cグループ：地域の自然災害とその対策（なぜ，川の堤防が改修されたのか）（図4） 現地で何を調べればよいだろうか。	Aグループ：道路に歩道がなく，通学のときに危険である。 Bグループ：地図では畑や田になっているところが，実際には栽培されていない。 Cグループ：大雨で川が氾濫したら浸水が心配である。 〈テーマに関する仮説〉 花菜ガーデンができ，交通量が増え，交通事故が増えているのではないか。 栽培されていない田畑があるが，農業後継者が不足しているのではないか。 台風や大雨などで川が氾濫したら，住宅や田畑に被害が出るのではないか。 何を観察や調査すればよいのかを話し合う。また，現地以外で調べなければならないことを挙げる。

資料1：「ことりっぷ 平塚さんぽ 無料版」(2015)，昭文社
資料2：平塚花アグリ施設案内
　〈URL〉http://www.city.hiratsuka.kanagawa.jp/kanko/page-c_01571.htm
資料3：地形図25000分の1 伊勢原（昭和52年測量版）

資料４：地形図（都市計画基本図）2500分の１　寺田縄
資料５：地形図（都市計画基本図）2500分の１　花水

第２次

第２次の目標：
①地域の課題解決に向け，調査やまとめる手法を身につけ，地域調査を行っている。
②調査結果をもとに解決の方策を議論してまとめ，発表している。

授業仮説：地域の課題に関するフィールドワーク調査において，多様な人への聞き取りを含む調査や定量データを獲得する調査をさせれば，多角的な視点から解決策を議論できるだろう。

時	学習活動	主な問い・指示	生徒の反応
〈第２次〉第５時	課題解決のための調査方法の理解	各グループの仮説を検証するためにどのような調査をすればよいだろう。調査方法を検討し，必要に応じて聞き取り先に連絡をとろう。Ａグループ：「花菜ガーデン」周辺の交通量調査と，「平塚花アグリ」関連施設の駐車場の台数調べを行う。後日，地元の警察署で調査地域の交通事故発生状況について聞き取りを行う。Ｂグループ：地図に示された土地利用と実際の土地利用が合っているかどうかを調査する。その際，耕作されていない土地の位置も調べる。後日，「全国農地ナビ www.alis-ac.jp/Doc/FarmNavi」で土地情報を調べ，市の農業委員会に協力を依頼し，農家に農業経営現状についてインタビューを行う。Ｃグループ：事前に「金目川水系洪水ハザードマップ」で対象地域の予想される浸水量を調べ，調査の際に位置を確認する。調査地域にある用水路を調べる。地元の水利組合の方に過去の水害と用水路の利用について聞き取りを行う。	・グループで調査方法を話し合うが，ここは教師の助言が必要な場面である。
第６時	テーマにもとづく地域調査の実施	テーマにもとづいてグループごとに調査をしよう。交通安全には十分気をつけよう。	・テーマにもとづいてグループで調査をするが，できる限り教師もかかわる場面である。

第7時	調査にもとづく地域の分析，課題解決策の検討	実際に歩いたことや作成した地図をもとに，仮説を検証し，それをもとにその解決策と地域の将来像を考えてみよう。	・グループでの話し合いの際には発表ボードを活用し，そのまま発表に使用すれば効率的に発表が行える。
		〈仮説の検証〉 Aグループ：交通量増加は，花菜ガーデンの来場客ではなく，産地直売所の利用客であることがわかった。また，新しい道路と今まである道路の交差点での事故が多い（図1）。 Bグループ：休耕している田畑の面積はそれほど多くなかった。聞き取りの結果，土地の持ち主が高齢で耕作ができないことがわかった（図2）。 Cグループ：最近はこの地域では川の氾濫が起きていないことがわかったが，いざというときには堰をあけ，用水路に水を流して氾濫を防ぐそうだ（図3，図4）。	〈解決策・将来像の提言〉 ・産地直売所の駐車場が混雑していたら，花菜ガーデンの駐車場も利用できるようにすればよい。 ・新しくできた道路との交差点に信号を設置するべきである。 ・休耕地を市民農園や小学校に貸し出せばよいのではないか。 ・休耕田畑の所有者とそこを耕作したい人をつなぐしくみをつくればよいのではないか。 ・聞き取りで用水路の整備が重要だと聞いたので，ボランティア活動で，用水路のゴミ拾いをするのはどうだろうか。
第8時	地域の課題と解決策の発表，シェアリング	地域の課題と解決策について発表しよう。発表内容は……。 ①調査テーマと仮説 ②調査方法 ③調査結果と作成した地図	・発表は発表ボードを使用する。 ・発表は分担を決め，グループ全員が行う。 ・他のグループの発表のときにはメモを取りながら，自分のグループの発表の内容と比較しながら聞く。

| | ④仮説の検証
⑤解決策・将来像の提言
⑥質疑応答 | |

＊図1～4は，pp.146-147に掲載

評　価

　この単元の評価は，①作成した地図，②発表ボードに書かれた報告書の内容，③発表の様子の3つの場面を想定しています。評価の基準は，いずれの内容も自分たちのグループが設定した学習テーマに沿っているかどうかです。余裕があれば実際に地域に出向いた観察・調査やグループ学習の様子も評価しましょう。仲間と協力して作業を進めたり，発表したりすることは，地理学習で獲得すべき重要な技能です。

　生徒が提案する課題の解決策や地域の将来像に関しては，政治・経済的に実現可能でない内容もあると思います。しかし，政治・経済分野をまだ学習していないことを考えると，調査したことを踏まえていれば，生徒の豊かな発想にもとづくユニークさを尊重してもよいのではないでしょうか。また，作成した地図を全国各地で行われている地図コンクールに出品してみてはどうでしょうか。単元の学習の前にそのことを予告しておくと，生徒は意欲的に学習に取り組むと思われます。

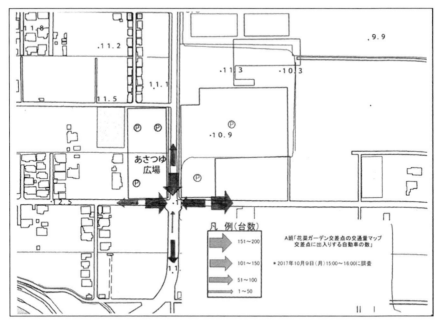

図1　Aグループが作成した地図

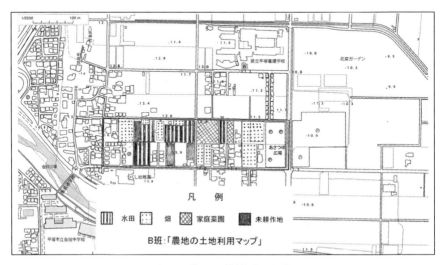

図2　Bグループが作成した地図

Chapter4　指導の手立てがよくわかる！地理授業の実践モデル

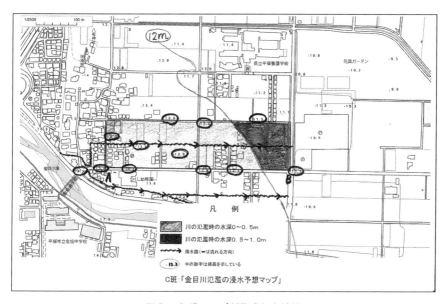

図3　Cグループが作成した地図

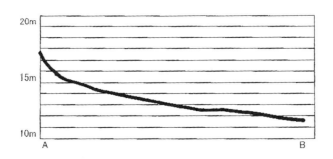

図4　Cグループが作成した地図中の地点A-B間の地形断面図

あとがき

　まずは，本書におつきあいいただきました読者の皆様にお礼申し上げます。
　ここ十数年で若い先生が増えました。若い社会科の先生の中には，中学以来地理の勉強などしたことがないという人も多いです。一方，地理的分野の指導が苦手だというのは，若い人ばかりに多いわけではなく，年齢や教員経験年数とは関係がありません。社会科授業をデザインするときの教材研究を進めるときに，たまたま地理的分野の教材研究での成功体験がないだけかもしれません。いずれにしても地理的分野を不得手だと考える社会科教員の割合が高いのです。地域の将来像を構想するためには，地域のもっている強みや弱みを知らなければなりません。しかし，それをどのようにして調べればよいのかということがわからないので，授業がつくれないという人もいるのではないかと思います。
　本書のコンセプトは，苦手な先生のためということです。ですから，新しい理論を提供するのではなく，ある意味古典的な考え方を解説して，授業デザインへの足場をかけるような本ができればよいと考えました。「まえがき」でも述べたように，そのように考えたきっかけは，科研費をいただいて調査した全国の先生からの声でした。この本が，地理的分野の授業の教材研究をしようという意欲を出すきっかけになればと思ったのです。
　しかし，ちょうど学習指導要領が改訂される直前に本書の執筆が始まったこと，また，新しい教科書ができる前という時期でもあり，本書の執筆には長い時間を要してしまいました。かつ，課題も残されていると思います。
　本書の課題は，例えば，社会科の学習は，社会の問題を題材として，それを解決するためにはどうすればよいのかを考えるためのものだということが強調できていない点です。PBLによる単元開発の必要性を述べたのですが，体系的に論じたわけではありません。中学校社会科には3つの分野があります。しかし，それらが目指しているのは同じ方向で，地理的分野だけ別の方

に向かっているというわけではないのです。今後，機会があれば，PBL型で社会科単元をデザインするモデルを提示することができればと思います。

そのような中，執筆の労を執ってくださった平塚市立金目中学校総括教諭の大谷誠一先生，武蔵野大学教育学部専任講師の佐藤克士先生には心から感謝しております。さらに，大谷先生には，作成した授業案を用いて授業を実践していただきました。

最後になりましたが，明治図書出版株式会社の林　知里さんには，本書の企画段階から校正に至るまで，大変お世話になりました。また，なかなか進まない執筆状況にもかかわらず，いつも温かく見守り，励ましていただきました。林さんのアドバイスがなければ，本書ができあがることはなかったと思います。この場を借りてお礼申し上げます。ありがとうございました。

本書が，中学校社会科地理的分野が苦手な先生へ授業デザインのヒントを提供できていれば幸いです。

本書の「まえがき」に掲載したデータは，JSPS科研費JP26370922の助成を受けて実施した調査によるものです。
平成26～29年度科学研究費助成金　基盤研究（C）　地域間及びスケール間の比較と相互関係を視点とした地誌学習の理論的・実践的構築，研究代表者：吉水裕也

2018年7月

編著者　吉水裕也

【執筆者一覧】（執筆順）

吉水　裕也　兵庫教育大学大学院教授
　　　Chapter 1
　　　Chapter 2
　　　Chapter 3　（「フィールドワークで気をつけておくこと」を除く）

大谷　誠一　神奈川県平塚市立金目中学校総括教諭
　　　Chapter 3　「フィールドワークで気をつけておくこと」
　　　Chapter 4　1　世界の宗教の学習をどう行うか
　　　　　　　　3　ヨーロッパの学習をどう行うか
　　　　　　　　6　九州地方の学習をどう行うか
　　　　　　　　7　関東地方の学習をどう行うか
　　　　　　　　8　身近な地域の調査の学習をどう行うか

佐藤　克士　武蔵野大学専任講師
　　　Chapter 4　2　アジアの学習をどう行うか
　　　　　　　　4　北アメリカ州の学習をどう行うか
　　　　　　　　5　交通・通信の学習をどう行うか

【編著者紹介】

吉水　裕也（よしみず　ひろや）

1962年大阪府生まれ。兵庫教育大学大学院教授。博士（学校教育学）。中高教員などを経て，現職。専門は社会科教育学，地理教育論。主な論文は「問題発見能力を育成する中学校社会科地理授業の設計─単元「日本の工業立地」の開発─」（『社会科研究』57），「地理的スケールの概念を用いたマルチ・スケール地理授業の開発─中学校社会科地理的分野「身近な地域の調査『高知市春野地区』」を題材に─」（『新地理』59-1），「防災ガバナンスのアクター育成としての地理歴史科地理コミュニティ問題学習」（『社会系教科教育学研究』25）など。『ゼロから学べる小学校社会科授業づくり』（明治図書）監修。

中学校社会サポートBOOKS

本当は地理が苦手な先生のための
中学社会　地理的分野の授業デザイン＆実践モデル

| 2018年8月初版第1刷刊 | Ⓒ編著者 | 吉　水　裕　也 |
| 2020年7月初版第3刷刊 | 発行者 | 藤　原　光　政 |

発行所　明治図書出版株式会社
　　　　http://www.meijitosho.co.jp
　　　　（企画）林　知里（校正）井草正孝
　　　　〒114-0023　東京都北区滝野川7-46-1
　　　　振替00160-5-151318　電話03(5907)6703
　　　　ご注文窓口　　　　　電話03(5907)6668

＊検印省略　　　組版所　株式会社アイデスク

本書の無断コピーは，著作権・出版権にふれます。ご注意ください。

Printed in Japan　　　　　ISBN978-4-18-145519-4

もれなくクーポンがもらえる！読者アンケートはこちらから→

社会科指導のプロが教える、授業づくりのイロハ

ゼロから学べる小学校社会科授業づくり

吉水裕也 監修
佐藤正寿・長瀬拓也 編著
図書番号 2221／四六判 176 頁
本体 1,800 円＋税

社会科授業で世の中を生きぬくための知恵を育もう！

　社会科は、世の中を生きぬくための知恵を育む教科です。世の中を生きぬくためには、世の中のしくみを読み解いたり、先を見通したりする知恵をもっていなければなりません。そのためには、「なぜそうなっているのか」と考えることを積み重ねる必要があります。「なぜそうなっているのか」という大きな問いに迫るために、「なぜ」以外の複数の問いを解く過程こそが、社会を生きぬいていく知恵を育むことにつながります。
　本書は、社会科の授業がうまくなりたい、社会科の授業づくりを初めてきちんと勉強する先生に向けた本です。本書を読むことを通して、問いをもちながら読み、読むことによって問いを立て直す―そんな体験をしていただければ幸いです。

明治図書　携帯・スマートフォンからは **明治図書 ONLINE へ** 書籍の検索、注文ができます。　▶▶▶
http://www.meijitosho.co.jp　＊併記4桁の図書番号（英数字）でHP、携帯での検索・注文が簡単に行えます。
〒114-0023　東京都北区滝野川7-46-1　ご注文窓口　TEL（03）5907-6668　FAX（050）3156-2790

＊価格は全て本体価格表示です。